English Prayer Handbook

해외 선교, 영어 사역, 개인 묵상에 필수 기도문

영어기도 핸드북

| 이창영 지음 |

생명의말씀사

English Prayer Handbook
영어기도 핸드북

ⓒ **생명의말씀사** 2009

2009년 7월 20일 1판 1쇄 발행
2020년 2월 10일　　　9쇄 발행

펴낸이 | 김재권
펴낸곳 | 생명의말씀사

등록 | 1962. 1. 10. No.300-1962-1
주소 | 서울시 종로구 경희궁1길 5-9(03176)
전화 | 02)738-6555(본사) · 02)3159-7979(영업)
팩스 | 02)739-3824(본사) · 080-022-8585(영업)

지은이 | 이창영

기획편집 | 전보아
디자인 | 박인선
인쇄 | 영진문원
제본 | 정문바인텍

ISBN 978-89-04-15859-1 (03230)

저작권자의 허락없이 이 책의 일부 또는 전체를
무단 복제, 전재, 발췌하면 저작권법에 의해 처벌을 받습니다.

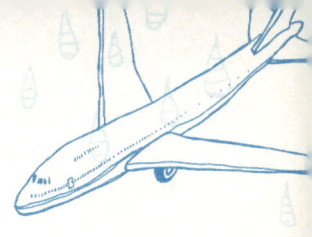

English Prayer Handbook
영어기도 핸드북

Forward

God shapes the world by prayer!

국제 경쟁 시대에 영어는 국가적 이익을 위해서는 물론, 그리스도 사역의 확장을 위해서도 이제는 절대적으로 필요하고, 강력한 도구가 되었습니다. 이런 시대에 상대방이 이해할 수 있는 정확하고 논리적인 언어로 의사 전달을 하지 않으면 해외 기독교 사역 현장이나 국제 관계에서 많은 손실과 자원 낭비, 비효율적 결과를 가져올 수밖에 없게 됩니다. 이는 정치, 경제, 무역, 군사, 외교, 문화, 예술, 관광, 심지어는 개인적인 삶의 깊은 영역에서까지 현실이 되고 있습니다.

2009년 현재, 국내에 거주하는 외국인이 100만 명을 넘어섰습니다. 급속히 발전하는 지구촌 환경으로 이제는 국경을 초월하는 시대가 되어 가고 있습니다. 이에 따라 교회와 기독교인들의 절대적 사명인 복음 증거와 선교 사역은 해외뿐 아니라, 국내에서도 시급한 상황이 되었습니다. 선교의 현장이 이제는 우리의 문턱에 다가와 있는 것입니다.

그러나 안타까운 현실은 의사소통이 제대로 안 되기 때문에 복음이라는 생명의 메시지가 있음에도 국내외적으로 복음 증거는 최대의 실효를 거두지 못하고 있는 실정입니다. 일부 동남아 지역을 제외하고는 대부분 영어를 익숙하게 사용하기 때문에, 우리가 그동안 축적해 온 영어의 기본 실력 위에 현장에서 사용할 수 있는 효율적인 표현법을 효과적으로 적용한다면 사역 현장에 큰 도움이 되리라 믿습니다.

지난 수년 동안 영어권 사역을 담당하고, 선교 현장과 국내에서 제자 훈련을 해오면서 해외 선교나 영어권 사역을 감당하기 원하는 많은 한국인들에게 실질적 도움을 줄 수 있는 책자를 준비했으면 좋겠다는 생각을 해왔습니다. 그러한 바람의 시작으로 『영어기도 핸드북』을 출판하게 되었습니다. 이 책의 다양한 주제, 상황별 적용 예문들이 개인적, 영적 성장을 위해 유익하게 사용되고, 영어 사역에 실질적 도움이 되기를 간절히 바라는 마음입니다. 가능한 모든 상황에서 응용할 수 있도록 다양한 예문을 수록하였기 때문에 영어 표현 능력 제고를 위해서도 활용할 수 있고, 선별된 내용들은 개인 묵상 기도에도 큰 유익을 주리라 확신합니다.

이 작은 책자를 통하여 한국의 넘치는 영적, 인적 자원이 지구촌 시대에 보다 효과적으로 사용되어 풍성한 열매를 맺기를 간절히 원합니다. 뿐만 아니라 전 세계에 하나님을 경외하고, 그리스도의 말씀에 순종하며, 그리스도 문화가 이끄는 지구촌 공동체를 형성하는 일에 쓰임 받을 수 있기를 기도합니다.

이창영

서문 Forward _ 4

1. 일반 기도 _ 11
GENERAL PRAYERS

기도의 약속 Commitment to Pray 13 | 하나님의 영광을 위해 To Glorify God 15 | 주님과 동행 To Walk in the Word 17 | 하나님의 지혜와 온전한 뜻을 따라가도록 To Walk in God's Wisdom and His Perfect Will 20 | 성공을 위하여 Prayer for the Success 23 | 자만심에 대한 승리 Victory over Pride 26 | 외로움에 대하여 For the Lonely 28 | 상처 받은 감정에 대한 치유 Healing for Damaged Emotions 31 | 인도하심과 도우심 Guidance and Deliverance 33 | 감사의 기도 Prayer of Thanks 36

2. 나라와 민족을 위한 기도 _37
PRAYER FOR THE NATIONAL ISSUES

나라와 열방 Nations and Continents 39 | 대한민국 대통령과 정부 The President and the Government of KOREA 41 | 한국 가정 The KOREAN Family 45 | 군대 The Armed Forces 51 | 테러로부터의 보호 Protection from Terrorism 56 | 이 나라의 미래 The Future of Our Land 59 | 이 땅의 정의 Justice in This Land 64 | 평화 Peace 68 | 자유 Freedom 71 | 일치와 화합 Unity and Harmony 74 | 이 나라의 부흥 Revival in This Land 78

3. 직업과 사회를 위한 기도 _81
PRAYER FOR OCCUPATIONAL & SOCIAL ISSUES

법 집행관 Law Enforcement Officers 83 | 의료인 Medical Professionals 86 | 교사 Teachers 89 | 과학자 Scientists 93 | 농부 Farmers 95 | 경제 The Economy 97 | 교육 The Education 100 | 미디어 The Media 104 | 자연환경 The Environment 106 | 고령화 The Aging 111 | 젊은 세대 Young Generation 115 | 세대 차이 Generation Gap 119 | 성적 차이 Gender Gap 123 | 결혼과 이혼 Marriages and Divorce 125 | 동성연애 Homosexuality 128 | 성적 타락 Sexual Immorality 131 | 음란물 Pornography 134 | 약물 남용 Drug Abuse 137 | 폭력 Violence 140 | 불법과 범죄 Lawlessness and Crime 142 | 우상 Idolatry 144 | 영적 전쟁 Spiritual Warfare 148 | 지혜 Wisdom 151 | 진실, 정직, 신실 Truth, Honesty and Integrity 155

4. 그리스도인의 삶과 사역을 위한 기도 _161
PRAYER FOR CHRISTIAN LIFE & SERVICES

그리스도의 몸인 교회 The Body of Christ 163 | 사역자를 위한 기도 Ministers 166 | 주일학교 For the Sunday School 169 | 세례의 은혜를 위하여 For Baptismal Grace 173 | 성찬 주일 For My Communion Sunday 175 | 새해를 맞이하며 For New Year's Day 177 | 부활절 For Easter Day 180 | 추수감사절 For Thanksgiving Day 185 | 성탄절 For Christmas Day 189 | 해외 선교 For the Missions in Foreign Fields 193 | 선교사를 위한 기도 Missionaries 195 | 전도 대상자를 위한 기도 For a Specific Person to Whom One Desires to Witness 198 | 교회 가기 전 Before Going to Church 200 | 예배의 기쁨을 위하여 For the Joy of Worship 202 | 예배를 마친 후 After Attending Church 204

5. 일상생활 속의 기도 _207
DAILY PRAYER FOR VARIOUS OCCASIONS

생일 기도 My Birthday 209 | 식사 기도 Grace at Meal 211 | 직장을 구하는 기도 Employment 213 | 일터에 나가기 전 Before Going to Work 216 | 직장에서의 인도하심 For Guidance in Vocation 218 | 여행을 떠날 때 For Travel by Land, Sea, or Air 221 | 배우자를 위한 기도 For a Life Companion 223 | 결혼을 위한 기도 For Marriage 225 | 태어날 아기를 위한 기도 On the Coming of the Baby 228 | 십대 자녀를 위한 기도 For Your Teens 230 | 곁길로 나간 자녀를 위한 기도 For Son or Daughter Who Has Strayed 233 | 경건한 자녀에 대한 감사 Thanks for Godly Children 235 | 결혼 문제 In Marital Difficulties 238 | 병상에서의 기도 Prayers for the Sickroom 240 | 수술을 위하여 For an Operation 244 | 임종 직전 At the Approach of Death 248 | 가족 사망 후 After a Death in the Family 250

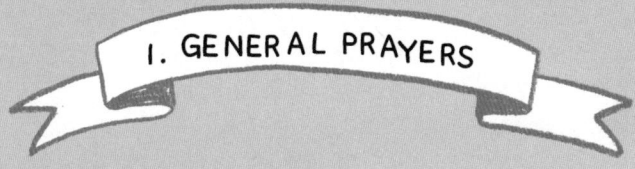

1. GENERAL PRAYERS

일반 기도

"Do not be anxious about anything, but in everything, by prayer and petition, with thanksgiving, present your requests to God. And the peace of God, which transcends all understanding, will guard your hearts and your minds in Christ Jesus." _ Philippians 4:6-7

"아무것도 염려하지 말고 오직 모든 일에 기도와 간구로, 너희 구할 것을 감사함으로 하나님께 아뢰라 그리하면 모든 지각에 뛰어난 하나님의 평강이 그리스도 예수 안에서 너희 마음과 생각을 지키시리라." _ 빌립보서 4:6-7

When I do not know what prayer to offer and how to offer it worthily as I ought, I thank You, Father, that the Holy Spirit comes to my aid and bears me up in my weakness. He, the Holy Spirit, goes to meet my supplication and pleads in my behalf with unspeakable yearnings and groanings too deep for utterance.

하나님 아버지, 제가 어떤 기도를 해야 할지, 어떤 것을 마땅히 간구해야만 하는지 모를 때 성령께서 오셔서 저를 도우시고 제 연약함을 감당해 주시니 감사합니다. 성령께서 형언할 수 없는 간절함과 깊은 탄식으로 저의 간구를 헤아리시어 저를 대신하여 기도하십니다.

COMMITMENT TO PRAY 기도의 약속

Fearlessly and confidently and boldly I draw near to the throne of grace that I may receive mercy and find grace to help in good time for every need— appropriate help and well-timed help, coming just when I need it. This is the confidence that I have in You, that, if I ask anything according to Your will, You hear me: and if I know that You hear me, whatsoever I ask, I know that I have the petitions that I desired of You.

주님의 자비를 받을 수 있는 그 은혜의 보좌 앞에 두려워하지 않고 확신과 담대함으로 가까이 나아갑니다. 모든 필요를 가장 좋은 때에, 제가 꼭 필요로 할 바로 그때에 적합하고도 때에 알맞은 도움으로 채워 주실 그 보좌 앞에 나아갑니다. 제가 하나님의 뜻대로만 구하면 하나님이 제 기도를 들어주신다는 확신을 갖고 있습니다. 그리고 제가 무엇을 구하든 하나님이 기도를 들으신다는 것을 알면 제가 당신께 구한 것을 받은 것도 알게 됩니다.

 Notes

draw to   -에 다가가다.
appropriate   -에 적합한, 적절한(for; to), 특유의, 고유한(to).
confidence   신용, 신뢰, 자신, 확신, 대담, 배짱.
petition   청원, 탄원, (신에의) 기원, 청원[탄원, 진정]서, 소장(訴狀).

I will worship toward Your Holy Temple, and praise Your name for Your loving-kindness and for Your truth and faithfulness. Let my prayer be set forth as incense before You, the lifting up of my hands as the evening sacrifice. Set a guard, O Lord, before my mouth; keep watch at the door of my lips.

저는 하나님의 거룩한 전을 향하여 예배할 것입니다. 그리고 하나님의 인자하심과 진리와 신실하심으로 인해 그 이름을 찬양할 것입니다. 제가 드리는 기도가 주님 앞에 향기가 되게 하시고, 높이 들린 제 손이 저녁 제사가 되게 하소서. 오 주여, 제 입에 파수꾼을 세우셔서 제 입술을 지켜 주소서.

 Notes

loving-kindness 친애, (특히 신의) 자애, 인자.
set forth 출발하다, 보이다, 진열하다, 발표[공표]하다, 공포하다, 꾸미다.
incense 향(香), 향 냄새[연기].

TO GLORIFY GOD 하나님의 영광을 위해

1

I called on You in the day of trouble; You delivered me, and I shall honor and glorify You. I rejoice because You delivered me and drew me to Yourself out of the control and dominion of darkness and transferred me into the kingdom of the Son of Your love. I will confess and praise You, O Lord my God, with my whole heart; and I will glorify Your name for evermore.

어려움을 당할 때 저는 주님께 부르짖었습니다. 주님이 저를 구해 주셨으니 저는 당신을 경외하고 당신께 영광을 돌릴 것입니다. 주께서 곤란과 흑암의 권세에서 저를 건지시고 주께로 가까이하사 당신이 사랑하는 독생자의 나라로 저를 인도하셨으니 제가 기뻐합니다. 오 주 나의 하나님, 제가 마음을 다하여 주를 찬양하고 영원히 주의 이름에 영광을 돌리겠습니다.

Notes

dominion   주권, 지배[통치]권, 통치, 지배, 자치령.
for evermore   영원히, 영구히.

2

Father, my mouth shall praise You with joyful lips. I am ever filled and stimulated with the Holy Spirit. I speak out in psalms and hymns and make melody with all my heart to You, Lord. My happy heart is a good medicine and my cheerful mind works healing. The light in my eyes rejoices the heart of others. I have a good report. My countenance radiates the joy of the Lord.

하나님 아버지, 저의 입술이 기쁨으로 주를 찬양합니다. 저는 항상 주의 성령으로 충만하며 감격합니다. 주님, 당신께 큰소리로 시와 찬미를 말하며 전심을 다하여 멜로디로 주께 화답합니다. 저의 행복한 마음이 약이 되고, 저의 즐거운 마음이 상한 영혼을 치유케 합니다. 저의 눈빛이 다른 사람의 마음을 기쁘게 합니다. 기쁜 소식이 있습니다. 저의 표정이 주님의 기쁨으로 빛을 발한다는 것입니다.

 Notes

stimulate   자극하다, 활발하게 하다, 북돋우다(incite); 격려[고무]하다.
countenance   생김새, 용모, 안색, 표정.

TO WALK IN THE WORD 주님과 동행

1

The Holy Spirit leads and guides me into all the truth. He gives me understanding, discernment, and comprehension so that I am preserved from the snares of the evil one.

I delight myself in You and Your Word. Because of that, You put Your desires within my heart. I commit my way unto You, and You bring it to pass. I am confident that You are at work in me now both to will and to do all Your good pleasure.

성령께서 저를 모든 진리로 이끄시고 인도하십니다. 그리고 저에게 깨달음과 분별력, 이해력을 주셔서 저를 모든 사탄의 덫에서 지켜 주십니다. 저는 주님과 주의 말씀을 기뻐합니다. 그로 인해 주님이 저의 마음 가운데 당신의 소원을 두셨습니다. 저의 길을 주께 맡기니 주님이 이루소서. 저는 주님이 지금 당신의 모든 선하고 기뻐하시는 일을 위해 저에게 소원을 주시며 행하도록 제 안에서 일하고 계심을 확신합니다.

Notes

discernment   식별, 인식, 통찰력.
snare   덫, 올가미, 속임수, 함정, (사람이 빠지기 쉬운) 유혹.
bring to pass   일으키다, 생기게 하다, 성립시키다.

2

In the name of Jesus, I am strong and very courageous, that I may do according to all Your Word. I turn not from it to the right hand or to the left, that I may prosper wherever I go. The Word of God shall not depart out of my mouth, but I shall meditate on it day and night. I hear therefore and am watchful to keep the instructions, the laws and precepts of my Lord God, that it may be well with me and that I may increase exceedingly, as the Lord God has promised me, in a land flowing with milk and honey.

The Lord My God is one Lord—the only Lord. And I shall love the Lord my God with all my heart, and with my entire being, and with all my might. And I will love my neighbor as myself.

Notes

prosper   번영하다[시키다], 성공하다[시키다], 번식하다.
depart out of = depart from   떠나다.
precept   가르침, 교훈, 훈계; 격언(maxim).
exceedingly   대단하게, 지나치게, 굉장하게.

제가 강하고 담대하여서 주의 말씀대로 행하기를 예수 그리스도의 이름으로 기도합니다. 좌로나 우로 치우치지 않게 하셔서 어디를 가든지 형통하게 하소서. 주의 말씀이 입에서 떠나지 않게 하시고, 밤낮으로 그 말씀을 묵상하기 원합니다. 따라서 제가 주 하나님 말씀의 가르침과 율례와 교훈을 듣고 유의하여 지키고 있습니다. 주 하나님이 약속하신 대로 젖과 꿀이 흐르는 땅에서 잘되고 크게 형통케 하소서.
　나의 주 하나님은 유일하신 만유의 주이십니다. 제가 마음을 다하고, 뜻을 다하고, 힘을 다하여 나의 주 하나님을 사랑하며, 제 이웃을 제 몸과 같이 사랑하겠습니다.

TO WALK IN GOD'S WISDOM AND HIS PERFECT WILL
하나님의 지혜와 온전한 뜻을 따라가도록

1

Father, I thank You that as I flow in Your love and wisdom, people are being blessed by my life and ministry. Father, You make me to find favor, compassion, and loving kindness with others. From this moment on, I purpose to walk in love, to seek peace, to live in agreement, and to conduct myself toward others in a manner that is pleasing to You.

하나님 아버지, 제가 당신의 사랑과 지혜로 충만하여서 사람들이 저의 삶과 사역을 통해 축복받으니 감사합니다. 아버지, 제가 다른 사람에게 친절과 사랑, 인애를 베풀게 하소서. 지금부터 저는 사랑으로 행하며, 평화를 구하고, 언행이 일치된 삶을 살기를 원합니다. 또한 다른 사람을 향하여는 하나님을 기쁘시게 하는 모습으로 행하기를 원합니다.

 Notes

find favor with (in the eyes of) a person 아무의 총애를 받다, 아무의 마음에 들다.
compassion 불쌍히 여김, (깊은) 동정(심).
conduct 인도하다, 안내하다, 지도하다, 지휘하다, 행동하다, 처신하다.

2

Father, I believe in my heart and say with my mouth that this day the will of God is done in my life. I walk in a manner worthy of You Lord, fully pleasing to You and desiring to please You in all things, bearing fruit in every good work. Jesus has been made unto me wisdom. I single-mindedly walk in that wisdom expecting to know what to do in every situation and to be on top of every circumstance!

하나님 아버지, 오늘 하나님의 뜻이 제 삶에 이루어짐을 마음으로 믿고 입술로 고백합니다. 제가 모든 선한 일에 열매 맺으며, 온전히 주님을 기쁘시게 하고, 모든 일에 주님을 기쁘시게 하기를 소원함으로써 주님의 뜻에 합당하게 행하고자 합니다. 예수님이 저에게 지혜가 되어 주셨습니다. 어떠한 경우에도 마땅히 행할 줄을 알며 모든 상황을 잘 대처할 수 있도록 오직 한마음으로 그 지혜를 따라 걷고자 합니다!

Notes

single-minded = Single-Hearted 목적이 단 하나의, 공통 목적을 가진, 일치단결한.
be [get] on top of -을 지배하다, (일)을 처리하다.

3

In the name of Jesus, I want to receive skill and godly wisdom and instruction. I may be able to discern and comprehend the words of understanding and insight. I want to receive instruction in wise dealing and the discipline of wise thoughtfulness, righteousness, justice, and integrity. Prudence, knowledge, discretion, and discernment are given to me. I may increase in knowledge. As a person of understanding, I desire to acquire skill and attain to sound counsels so that I may be able to steer my course rightly.

숙련된 기술과 거룩한 지혜와 가르침을 받기를 예수님의 이름으로 기도합니다. 그렇게 될 때 저는 지혜와 명철의 말씀을 분별하고 이해하게 될 것입니다. 지혜로운 관계를 통해 그리고 지혜로운 사고, 정의, 공의, 성실함의 훈련을 통해서 교훈을 얻게 하소서. 그래서 분별력과 지식, 신중함, 사리 판단력이 주어지기 원합니다. 저에게 지식을 더하여 주소서. 깨닫는 자로서 저는 기술을 습득하고 선한 충고를 친구 삼기 소원합니다. 그러면 저는 인생을 바로 살아갈 수 있을 것입니다.

Notes

integrity 성실, 정직(honesty), 고결(uprightness), 청렴, 완전 무결.
prudence 신중, 사려, 분별.
discretion 신중, 분별, 판단력, 명찰력.
steer -의 키를 잡다, 조종하다; (어떤 방향으로) 돌리다.

PRAYER FOR THE SUCCESS 성공을 위하여

In the name of Jesus, I walk out of the realm of failure into the arena of success, giving thanks to You. Father, for You have qualified and made me fit to share the portion which is the inheritance of the saints in the Light.

예수님의 이름으로 제가 실패의 그늘에서 벗어나 성공의 무대로 나아감을 감사드립니다. 아버지, 당신께서 저를 빛의 자녀들에게 주시는 유업을 이어받기에 합당하도록 하셨습니다.

 Notes

realm   왕국, 국토, 범위, 영역.
arena   투기장, 경기장, 투쟁 장소.
portion   한 조각, 일부, 부분, 몫.
inheritance   상속, 계승, 유산.

2

Father, I commit my works (the plans and cares of my business) to You, entrust them wholly to You. Since You are effectually at work in me, You cause my thoughts to become agreeable with Your will, so that my business plans shall be established and succeed. In the name of Jesus, I submit to every kind of wisdom, practical insight and prudence which You have lavished upon me in accordance with the riches and generosity of Your gracious favor.

하나님 아버지, 저의 일들(사업 계획과 관련된 모든 일들)을 당신께 의탁드리며, 그 모든 것들을 전적으로 주님께 맡깁니다. 주님이 이미 제 안에 선한 일을 행하시니 저의 뜻이 당신의 뜻과 같게 하시어 저의 사업이 굳건히 서고 성공하게 하소서. 예수 그리스도의 이름으로 당신의 은혜의 풍성함과 관대함을 따라 저에게 한없이 부어 주신 모든 지혜와 실용적 통찰력, 분별력에 순복합니다.

Notes

entrust a person with a task = a task to a person   임무를 아무에게 위임하다.
lavish   (돈, 애정 따위를) 아낌없이 주다, 아끼지 않다.
in accordance with   -에 따라, -대로, -와 일치하여.

3

Thank You for the grace to remain diligent in seeking knowledge and skill in areas where I am inexperienced. I ask You for wisdom and the ability to understand righteousness, justice, and fair dealing in every area and relationship. I affirm that I am faithful and committed to Your Word. My life and business are founded upon its principles.

익숙하지 않은 분야에서 지식과 기술을 쌓도록 열심을 내게 하신 주님께 감사드립니다. 각기 다른 모든 분야와 관계에 있어서 정의와 공의, 공정한 조치를 이해할 수 있는 지혜와 능력을 구합니다. 제가 주님의 말씀에 충실하고 헌신되어 있음을 확신합니다. 저의 삶과 사업은 이러한 원칙 위에 세워져 있습니다.

 Notes

justice　정의(righteousness), 공명정대(fairness), 정당(성)(lawfulness), 사법.
affirm　확언하다, 단언하다; 긍정하다.

VICTORY OVER PRIDE 자만심에 대한 승리

1

As an act of faith, I clothe myself with humility and receive Your grace. I humble myself under Your mighty hand, Lord, that You may exalt me in due time. I refuse to exalt myself. I do not think of myself more highly than I ought; I do not have an exaggerated opinion of my own importance, but rate my ability with sober judgment, according to the degree of faith apportioned to me.

하나의 믿음의 행위로서 저는 겸손이란 옷을 덧입으며 주의 은혜를 받습니다. 주님, 당신의 전능하신 손안에 저 자신을 내려놓으니 당신의 때에 저를 높이소서. 저는 저 자신을 스스로 높이지 않겠습니다. 마땅히 저에 대해 그 이상의 높은 생각을 품지 않겠습니다. 제가 얼마나 중요한지에 대해 지나친 견해를 갖고 있지 않지만, 저에게 주신 믿음의 분량을 따라 냉정한 판단으로 제 능력을 평가하여 주소서.

Notes

clothe   -에게 옷을 주다, 옷을 입히다, (권력 따위를) 주다(with).
exaggerated   떠벌린, 과장된, 지나친, 비대한.
sober   술 취하지 않은, 맑은 정신의, 냉정한, 건전한, 과장되지 않은.
apportion   할당하다, 나누다; 배분(배당)하다(to; between; among).

2

Father, thank You that You dwell with him who is of a contrite and humble spirit. You revive the spirit of the humble and revive the heart of the contrite ones. Thank You that the reward of humility and the reverent and worshipful fear of the Lord is riches and honor and life.

하나님 아버지, 통회하며 낮아진 마음 안에 함께하심을 감사합니다. 주님은 겸손한 자와 회개하는 자의 마음을 소생하게 하십니다. 주님에 대한 겸손과 경건 그리고 주님을 경외하는 자의 상급은 부와 존귀와 생명임을 감사합니다.

Notes

dwell 살다, 거주하다(live), (어떤 상태에) 머무르다, 체재하다.
contrite 죄를 깊이 뉘우치고 있는; 회개한; 회오의.
revive 소생하게 하다, 회복시키다, 부활시키다.
reverent 경건한, 공손한.

FOR THE LONELY 외로움에 대하여

O Lord, my God, You have said: "I will never fail you nor forsake you." Yet I feel alone. You have assured me that nothing can separate me from Your love in Christ Jesus, my Lord. And yet my heart is distressed by a deadening sense of loneliness. Lord, to whom shall I go? I believe and am sure that You have the words of eternal life. Strengthen me in my faith, and grant me a greater measure of comfort from Your presence.

Lord, give me the grace in my loneliness to search my soul for its cause. If I am lonely because I have refused to give myself in service to others, forgive me for contributing to my loneliness by my own selfishness. If I am lonely because of loyalty to You and Your Gospel, help me to rejoice in my cross bearing

 Notes

forsake 버리고 돌보지 않다(desert), 버리다(give up), 포기하다.
distressed 고뇌에 지친, 가난한.
deadening 방음 장치[재], 광택 지우는 도료.
cross bearing 십자가를 감당하는 일, 십자가를 짊.

주 하나님, 주님은 "내가 결코 너를 버리거나 떠나지 않으리라."고 말씀하셨습니다. 하지만 저는 여전히 외로움을 느낍니다. 당신은 저에게 주 예수 그리스도 안에 있는 당신의 사랑에서 아무도 우리를 끊을 수 없다고 확신시켜 주셨습니다. 그래도 저의 마음은 고독이라는 절망적인 느낌으로 지쳐 있습니다. 주여, 제가 어디로 가겠습니까? 당신에게는 영생의 말씀이 있음을 믿고 확신합니다. 저의 믿음을 강하게 하여 주시고, 당신의 임재로 인해 더 큰 위로를 주시기를 원합니다.

　주님, 외로움 가운데 제 영혼이 그 원인을 발견할 수 있는 은혜를 주소서. 제가 남을 섬기지 않아서 외로움을 느끼는 것이라면 저의 이기심으로 인해 외로움을 배가시킨 것을 용서하여 주소서. 주님에 대해 충성하고 복음 때문에 외로운 것이라면 십자가 지는 것을 즐거워하게 하소서.

2

Keep me from all temptations to forget Your watchful presence when I am alone, lest I fall into sin and shame. Direct my thoughts heavenward, bring me into the fellowship of other believers, and use me as a means of bringing joy and blessing to others.

Teach me to pray: "Why are you downcast, O my soul? Why so disturbed within me? Put your hope in God, for I will yet praise Him, my Savior and my God" Ps 42:5.

제가 외로울 때 죄를 짓거나 수치심에 빠지지 않도록 늘 감찰하시는 당신의 임재를 방해하는 유혹으로부터 저를 지켜 주십시오. 저의 생각이 하늘을 향하게 하시며, 다른 믿음의 성도들과 교제하게 도와주시고, 저를 다른 사람들을 향한 축복과 기쁨의 통로로 사용하여 주십시오.

제가 이렇게 기도하도록 가르쳐 주소서. "내 영혼아 네가 어찌하여 낙망하며 어찌하여 내 속에서 불안하여 하는고 너는 하나님을 바라라 그 얼굴의 도우심을 인하여 내가 오히려 찬송하리로다" 시 42:5.

Notes

lest -하지 않도록, -하면 안 되므로(for fear that-), 하지나 않을까 하여.
shame 부끄럼, 부끄러워하는 마음, 수치심.
downcast 의기소침한, 풀이 죽은, (눈 따위가) 아래로 향한.
disturbed 불안스러운, 동요한, 뒤숭숭한.

HEALING FOR DAMAGED EMOTIONS

상처 받은 감정에 대한 치유

My spirit is the candle of the Lord searching all the innermost parts of my being and the Holy Spirit leads me into all truth. When reality exposes shame and emotional pain, I remember that the sufferings of this present life are not worth being compared with the glory that is about to be revealed to me and in me and for me and conferred on me! The chastisement needful to obtain my peace and well-being was upon Jesus, and with the stripes that wounded Him I was healed and made whole.

As Your child, Father, I have a joyful and confident hope of eternal salvation. This hope will never disappoint, delude or shame me, for God's love has been poured out in my heart through the Holy Spirit who has been given to me.

 Notes

expose   노출시키다(to), 몸을 드러내다(to), (죄 따위를) 폭로하다(reveal).
confer   (칭호 등을) 수여하다, 증여하다, (은혜 등을) 베풀다.
chastise 응징하다, 질책하다, 갈고 닦다, (감정 따위를) 억제하다.
delude   미혹시키다; 속이다; 속이어 −시키다.

저의 영혼은 저의 가장 깊은 곳까지도 다 살피는 주님의 등불이어서 성령께서 저를 진리 가운데로 인도하십니다. 현재의 삶이 수치스럽고 고통스러울 때 저는 이 사실을 기억합니다. 현재의 고난은 장차 저에게 나타나고, 제 안에서 저를 위하여 제게 주어질 영광과 족히 비교될 수 없음을 말입니다! 주님이 고난받으심으로 제가 평화와 부요를 누리고, 주님이 채찍에 맞으심으로 제가 치유되고 온전하게 되었습니다.

  하나님 아버지, 저는 당신의 자녀로서 영생의 구원에 대한 기쁘고 확고한 소망을 가지고 있습니다. 이 소망은 결코 저를 실망시키거나 속이거나 부끄럽게 하지 않을 것입니다. 성령께서 하나님의 사랑을 제 마음에 부어 주셨기 때문입니다.

GUIDANCE AND DELIVERANCE 인도하심과 도우심

There has no temptation taken me but such as is common to man: but God is faithful, who will not suffer me to be tempted above that which I am able; but will with the temptation also make a way to escape, that I may be able to bear it.

저는 모든 사람들이 흔히 당하는 그런 시험을 겪어 왔습니다. 그러나 하나님은 신실하셔서 제가 감당하지 못할 시험을 당하지 않게 하실 것입니다. 그리고 저에게 피할 길을 열어 주시어 능히 감당하게 하실 것입니다.

 Notes

temptation 유혹, 유혹함[됨], 마음을 끄는 것.
make a way to escape 탈출, 도망할 길을 만들다, 면하게 하다.
bear 지탱하다, 견디다(up), (의무를) 지다, (손실을) 입다.

2

Father, I thank You that Your presence goes with me, and that You give me rest. I am still and rest in You, Lord; I wait for You, and patiently stay myself upon You. I will not fret myself, nor shall I let my heart be troubled, neither shall I let it be afraid. I hope in You, God, and wait expectantly for You; for I shall yet praise You, for You are the help of my countenance, and my God.

하나님 아버지, 저와 늘 함께하시고 안식을 주시니 감사합니다. 주님, 제가 당신 안에서 잠잠히 쉽니다. 저는 주를 기다리며, 인내심을 가지고 주를 의지합니다. 저는 초조해하지도, 불안해하지도, 두려워하지도 않을 것입니다. 하나님, 주께 소망을 두며 당신을 간절히 기다립니다. 당신은 저의 찬송이시며, 저의 도움이시고, 저의 하나님이시기 때문입니다.

Notes

fret   초조하게 하다, 안달나게 하다, 괴롭히다.
countenance   생김새, 용모, 안색, 표정, 후원.

3

I humble myself under Your mighty hand that in due time You may exalt me. I cast the whole of my cares—all my anxieties, all my worries, all my concerns, once for all—to You. You care for me affectionately and care about me watchfully. You sustain me. You will never allow the consistently righteous to be moved—made to slip, fall, or fail!

주님의 전능하신 손에 겸허히 의지하니 당신의 때에 저를 높이소서. 저의 모든 걱정거리들, 즉 모든 근심과 염려, 관심들을 단번에 모두 주님께 내려놓습니다. 당신은 저를 다정하게 돌아보시고 주의 깊게 살피십니다. 당신이 저를 붙드십니다. 주님은 심지가 곧은 의로운 자가 실족하거나 넘어지거나 실패하지 않게 하시며, 결코 요동치 않게 하십니다!

Notes

exalt   (명예 따위를) 높이다; 승진시키다, 찬양하다; 몹시 기쁘게 하다.
once (and) for all   딱 잘라서, 단번에, 최종적으로.
affectionate   애정 깊은, 사랑에 넘친, 다정한.
consistent   (주의 언행 등이) 불변한, 견지하는, 시종일관된, 견실한(in).

PRAYER OF THANKS 감사의 기도

Dear Father in heaven, we thank You for the food we eat. We thank You for the friends we meet. We thank You for Your loving care. We thank You for Your faithful providence which we have enjoyed and for Your gracious provision of fellowship with one another and with You. Teach us to receive Your gifts with thanksgiving, that with grateful hearts we may enjoy the gifts that have come from You.

사랑의 하나님 아버지, 일용할 양식을 주시고, 만날 수 있는 친구를 주시고, 사랑으로 보살펴 주시니 감사합니다. 우리가 누리는 당신의 신실하신 섭리에 감사드립니다. 우리가 서로서로 그리고 당신과 함께 은혜로운 교제를 하게 하셔서 감사합니다. 당신이 주신 선물을 감사함으로 받도록 가르쳐 주셔서 그 선물들을 감사함으로 즐길 수 있게 하소서.

 Notes

loving care 사랑의 보살핌, 관심, 돌봄.
providence 섭리, 하나님의 뜻, 배려.
provision 예비, 준비, 설비(for; against), 공급, 규정, 조항(clause).

PRAYER FOR
2. THE NATIONAL ISSUES

나라와 민족을 위한 기도

"I urge, then, first of all, that requests, prayers, intercession and thanksgiving be made for everyone – for kings and all those in authority, that we may live peaceful and quiet lives in all godliness and holiness. This is good, and pleases God our Savior."

_ 1Timothy 2:1-3

"그러므로 내가 첫째로 권하노니 모든 사람을 위하여 간구와 기도와 도고와 감사를 하되 임금들과 높은 지위에 있는 모든 사람을 위하여 하라 이는 우리가 모든 경건과 단정한 중에 고요하고 평안한 생활을 하려 함이니라 이것이 우리 구주 하나님 앞에 선하고 받으실 만한 것이니." _ 디모데전서 2:1-3

Teach us how to bear one another's burden through intercessory prayer so that we will be able to fulfill Your law, Lord. As Aaron stood between the dead and the living so that the plague would be stayed, cause many to stand with the company of Your intercessors in behalf of Korea today. Pour forth Your spirit of intercession upon the church in Korea, Lord, so that believers would be able to inquire of You in behalf of the people. Give them Your heart of compassion for the lost and for those trapped in sin.

주님, 어떻게 하면 우리가 중보기도를 통해 서로의 짐을 나누어 지고 당신의 율례를 행할 수 있을지 가르쳐 주소서. 아론이 산 자와 죽은 자의 사이에 설 때 전염병이 멈춘 것처럼 이 나라를 위해 많은 사람들이 중보 군단에 참여하게 하소서. 주님, 당신의 중보의 영을 한국 교회에 부어 주셔서 믿음의 사람들이 불신자를 대신하여 주께 아뢰게 하소서. 그들에게 잃어버린 영혼들과 죄 가운데 있는 사람들을 향한 사랑의 마음을 갖게 하소서.

NATIONS AND CONTINENTS 나라와 열방

Hold Your protecting hand over our nation, over me and mine, and over all Your children. Preserve our priceless religious liberty, and keep all believers faithful to You. Bring a great salvation to pass, and turn the hearts of multitudes of unbelievers to accept the peace and comfort that only faith in their Saviour Jesus Christ can bring them.

우리나라, 저와 저의 가족, 하나님의 자녀들을 당신의 손으로 보호하여 주소서. 우리의 소중한 종교적 자유를 보호해 주시며, 모든 성도들이 주께 신실할 수 있게 하소서. 커다란 구원을 펼치셔서 수많은 불신자들이 구세주 예수 그리스도만이 주실 수 있는 평화와 위로를 받아들이도록 그들의 마음을 돌이키소서.

 Notes

priceless (물, 공기, 영혼 구원 등과 같이) 대단히 귀중한, 돈으로 살 수 없는.
bring to pass 실현하다, 이룩하다, -을 야기시키다
multitude 다수, 군중, (the) 대중.

2

Heavenly Father, Ruler of the nations, I thank You for the countless undeserved blessings that You have showered on our country. Individually and as a nation we have sinned often and grievously, and I pray You, mercifully forgive our many sins. Endow the leaders of our country with wisdom from on high. Cause them to rule in Your fear and according to Your will, that we may lead a quiet and peaceable life in all godliness and honesty and that our nation and its people may prosper both spiritually and temporally.

만국의 통치자이신 거룩하신 하나님 아버지, 주께서 이 나라에 베푸신 과분하고 한량없는 축복에 감사드립니다. 개인적으로나 국가적으로 우리는 너무 자주 가혹한 죄를 범했습니다. 무수히 많은 우리의 죄를 관대히 용서해 주시기를 기도합니다. 이 나라의 지도자들에게 하늘의 지혜를 주소서. 그들이 마땅히 주를 두려워하며 당신의 뜻을 따라 통치하게 하셔서 우리가 모든 경건과 정직으로 고요히 평화로운 삶을 살게 하여 주소서. 그리고 이 나라와 백성이 영적으로나 현세적으로도 번성하게 하여 주소서.

Notes

grievous 슬픈, 비통한, 괴로운, 가혹한, 부담이 되는(oppressive).
endow (능력 등을) -에게 주다, -에게 부여하다(with).
godliness 경신(敬神), 경건, 청렴한 인격, 신앙심이 두터운 성격.
temporal 시간의, 일시적인(temporary), 현세의, 속세의.

THE PRESIDENT AND THE GOVERNMENT OF KOREA 대한민국 대통령과 정부

Almighty God, Ruler of the nations, regard with favor Your servant, the president of Korea. Grant him health of body and mind; make him strong to bear the burdens of his high office. Give him wisdom and understanding, that under his leadership our nation may be directed in the ways of righteousness and peace.

Teach me and all Christian citizens to realize that rule and authority in our country come from You and that our president is Your minister in the administration of his office. Keep us mindful of our obligation to support our president with fervent prayer and ready obedience to the laws of our country. Bless our president, I pray You, and make him a blessing to our people, to the glory of Your holy name. For Jesus' sake. Amen

 Notes

office 임무, 직무, 직책, 공직, 사무소[실], 오피스.
obligation 의무, 책임, 채무, 채권[채무] 관계.
fervent 뜨거운, 열심인, 열렬한, 백열의.

만국의 통치자이신 전능하신 하나님, 당신의 종인 대한민국의 대통령에게 은혜를 베푸소서. 그에게 건강한 몸과 마음을 주시기를 원합니다. 그를 강하게 하셔서 막중한 직책의 짐을 감당할 수 있게 하소서. 지혜와 명철을 주셔서 그의 지도력으로 이 나라가 정의와 평화의 길을 걷게 하소서. 저와 모든 그리스도인들에게 이 나라의 통치와 권력이 당신으로부터 오며, 우리의 대통령은 그의 직무를 행사함에 있어 당신의 종임을 가르치소서. 간절히 기도하고, 나라의 법에 기꺼이 순종함으로 대통령을 후원하는 것이 우리의 의무임을 기억하게 하소서. 이 나라의 대통령을 축복하시고, 당신의 거룩한 이름의 영광을 위하여 그가 곧 이 백성을 위한 축복이 되기를 원합니다. 예수님의 이름으로 기도합니다. 아멘.

2

Thank You for hearing the cry of the righteous who pray night and day for our nation. In the same way that You responded to the cries of Abraham when he asked You to spare the city because of the righteous who lived there, please spare Korea because of those faithful servants who are taking a stand for righteousness in a time when it is not popular to do so.

이 나라를 위해 밤낮으로 기도하는 의인들의 간구를 들어주심을 감사드립니다. 주님은 소돔성에 거주하는 의인으로 인해 도시를 멸망시키지 말아 달라는 아브라함의 간구에 응답하셨습니다. 그와 같이 의로운 행위를 찾아보기 힘든 이 시대에 의의 편에 서 있는 충성스러운 종들로 인해 우리나라에 자비를 베풀어 주소서.

 Notes

spare 절약하다, 아끼다, 용서해 주다, -의 목숨을 살려 주다.
take a stand for -에 대한 분명한 입장을 취하다, 단호한 태도를 취하다.

3

I will praise You at all times. Your praise shall be continually in my mouth. Blessed is the nation whose God is You, O Lord. May the Republic of Korea ever be that nation, a country in which no other gods are put before You, a land that honors You and serves You. May our leaders remember that no king is saved by the multitude of a host, and that Your eye is upon those who fear You, upon those who hope in Your mercy. Have mercy upon us, O Lord.

제가 늘 주님을 찬양할 것입니다. 주를 향한 찬양이 항상 제 입술에 있을 것입니다. 주여, 당신을 하나님으로 삼는 나라는 복이 있습니다. 우리 나라가 주 앞에 다른 신을 두지 아니하며, 주를 경외하고 섬기는 나라가 되게 하소서. 우리 지도자들이 만군으로도 왕을 지킬 수 없다는 것을 기억하게 하소서. 또한 주의 눈은 당신을 경외하는 자에게 향하고, 당신의 자비에 소망을 두는 자에게 향함을 기억하게 하소서. 주여, 이 나라를 긍휼히 여기소서.

Notes

a multitude of   -다수의[수많은].
host   많은 사람, 많은 떼, 다수(of), 군대.

THE KOREAN FAMILY 한국 가정

Heavenly Father, You instituted the family to be the cornerstone of society. But all around I see so many families falling prey to the prevailing moods and philosophies of our day. You, Lord, have promised to come to all who call upon You in Spirit and in truth. The hour is coming, and now is, when the true worshippers shall worship You in Spirit and in truth, for I know, Father, that You seek such to worship You.

I pray for the families of our nation, that You would strengthen their commitment to You and to each other. Help families to pray together and seek You together, Lord, so that our nation will become strong once again.

Notes

cornerstone 초석, 토대, 기초, 기본적인 것[사람].
fall(become) a prey to -의 희생이 되다.
prevailing 우세한, 주요한, 유력한, 유행하고 있는, 일반적인.

거룩하신 하나님 아버지, 주께서 사회의 모퉁이 돌이 되도록 가정을 세우셨습니다. 그러나 주위에서 많은 가정들이 오늘날 시대적 사조와 철학의 나약한 희생물이 되고 있음을 보게 됩니다. 주님은 진리와 성령으로 주를 찾는 자들에게 함께하신다고 약속하셨습니다. 참된 예배자가 성령과 진리로 주를 예배할 때가 오니 그때가 바로 지금입니다. 주는 이렇게 예배하는 자들을 찾으십니다.

우리나라의 가정을 위해서 기도합니다. 주님이 그들의 주님에 대한 헌신과 서로를 위한 약속을 강화시키시기를 기도합니다. 주님, 각 가정들이 함께 기도하고 함께 주를 찾음으로 이 나라가 다시 한번 강대해지도록 도와주소서.

Through the power of Your Spirit, Lord, I ask You to intervene in all families so that children will learn to obey their parents in You simply because this is right for them. Help our young people never to forget the importance of the first commandment with a promise to honor their fathers and mothers that it may be well with them and so they may live long on the earth.

Lord, help fathers to understand their importance to their children and our nation, to take their rightful stand under Your Lordship, to lead and to care for their families. Give them wisdom so that they would not provoke their children to wrath, but would bring them up in Your nurture and admonition

 Notes

intervene 사이에 들다, 방해하다, 조정[중재]하다(between); 개입하다(in).
provoke (감정)일으키다, 성나게 하다(enrage), 유발시키다(bring about).
nurture 양육, 훈육, 영양(물), 음식.
admonition 훈계, 권고, 경고.

주님, 성령의 능력으로 모든 가정에 관여하시기를 기도합니다. 그리하여 아이들이 당연한 도리로써 주 안에서 부모에게 순종하는 법을 배울 수 있기를 기도합니다. 우리 젊은이들이 부모를 존경함으로써 그들이 잘되고 땅에서 장수하리라는 약속의 첫 계명이 얼마나 중요한지 잊지 않게 도와주십시오.

　주님, 우리 아버지들이 자녀와 이 나라를 위한 그들의 중요성을 이해할 수 있도록 도우소서. 주 안에서 그들의 마땅한 지위를 지키며, 가족을 이끌고 돌보도록 도와주소서. 그들에게 지혜를 주셔서 자녀를 노여워하지 않게 하며, 그들을 교육과 훈계로 양육하도록 인도하소서.

3

Help us to learn how to submit to one another in reverent fear of You, and to remember that the family represents the spiritual relationship between You, Lord Jesus, and Your Church. I pray for husbands throughout our country, that they would love their wives as You loved Your Church and gave Yourself for it. I pray for wives, that they would reverence their husbands and submit to them as unto You, Lord.

Deliver families from the enemy, O my God, for he seeks to destroy our society by destroying families. Defend Your people from all who rise up against them.

 Notes

submit 복종시키다, 따르게 하다(to), 제출하다, 맡기다, 항복하다.
reverent 경건한, 공손한.
reverence 존경하다, 숭배하다.

우리가 주님을 경외하여 어떻게 서로 순종하는가를 배우게 도와주소서. 그리고 가정이란 주 예수 그리스도와 당신의 교회 사이의 영적 관계를 대표한다는 것을 기억하게 도와주십시오. 이 나라의 남편들이 주께서 당신의 교회를 사랑하시어 자신을 주심같이 그들의 아내를 사랑하기를 기도합니다. 또한 아내들은 주께 하듯 남편을 존경하며 순복하기를 기도합니다. 나의 하나님, 원수들이 가정을 파괴함으로써 이 사회를 파괴하려고 하니 가정들을 원수에게서 구하여 주소서.

THE ARMED FORCES 군대

1

Bless our Commander-in-Chief, the President of Korea. Give him wisdom, Father, as he makes the decisions that affect the defense of our nation. Be with him, the Secretary of Defense, the Chairman of the Joint Chiefs of Staff, the chiefs of each military force, the generals, admirals and other officers of our armed forces. Bless especially the men and women of the army, navy, air force, marines, coast guard, and other services as they work hard to protect us in lonely places in home land and in abroad as well.

Notes

Commander-in Chief   (전군의) 최고 사령관; 총사령관; (나라의) 최고 지휘관(보통 대통령이나 국가원수; 약자 C.I.C., C. in C. or Com. in Chif.).
Joint Chiefs of Staff   연합 참모장
admiral   해군 대장 (full), (함대) 사령관, 제독(Adm., Adml.).

국군통수권자인 우리 대통령을 축복해 주소서. 하나님 아버지, 그가 이 나라 방위를 위한 중요한 결정을 내릴 때마다 지혜를 주시기를 원합니다. 대통령, 국방장관, 연합참모장, 각 군대 지휘관, 장군, 사령관, 군대의 다른 많은 지휘관들과 함께해 주소서. 본국과 해외의 고독한 곳에서 우리를 보호하기 위해 수고하는 육군, 해군, 공군, 해병대, 연안 경계병, 그리고 그 외의 근무를 담당하고 있는 모든 사병들을 특히 축복해 주소서.

2

Thank You for the veterans of the armed forces who have sacrificed so much to protect our land and our freedom. Many thousands have died in the service of our country and we thank You, Father, for giving them the courage and honor to lay down their lives for us. We acknowledge the truth that no man or woman has greater love than that which is demonstrated by their willingness to lay down their lives for another.

Help the members of our armed forces to realize that by serving our country they are serving You. Help each one to see that he or she is Your minister for good, that they do not bear the sword in vain because it is their divine commission to execute wrath upon those who do evil.

Notes

veteran 고참병, 노병(老兵), 퇴역[재향] 군인, 노련가, 경험이 많은 사람.
lay down one's life 목숨을 내던지다.
demonstrate 증명하다, (모형에 의해) 설명하다, 실물로 선전하다.
wrath 격노, 신의 노여움, 천벌, (자연 현상 등의) 혹독함, 폭위(暴威).

이 나라와 자유를 수호하기 위해 큰 희생을 감당한 퇴역 군인들을 허락하셔서 감사합니다. 수많은 사람들이 이 나라를 지키다가 목숨을 잃었습니다. 하나님 아버지, 우리를 위해 기꺼이 생명을 희생하는 용기와 긍지를 그들에게 주심을 감사드립니다. 남녀 무론하고 남을 위해 그들의 생명을 기꺼이 내려놓는 사랑보다 더 큰 사랑이 없다는 진리를 깨달았습니다.

  이 나라를 섬김은 곧 당신을 섬기는 일임을 우리 군인들이 깨닫게 도와주소서. 그들로 하여금 자신들이 각자 선한 일을 위해 세워진 당신의 종인 것을 깨닫게 도와주소서. 그리고 악을 행하는 자를 징벌하는 것이 그들의 신성한 의무이기 때문에 헛되이 칼을 차는 게 아니라는 것을 깨닫게 도와주소서.

Lord, I beseech You in behalf of our nation and the armed forces who protect us, that when war clouds threaten on the horizon, You will lead our people to prayer. Then shall You go forth, Lord, and You will fight against those nations that become our enemies in the same way You often fought in behalf of Your people in the Old Testament.

주님, 이 나라와 우리를 지키는 군인들을 위해 간구합니다. 전쟁의 위험이 엄습할 때 이 민족이 기도하게 하소서. 그러면 주께서 구약에서 주의 백성들을 위해 싸우신 것과 같이 우리 적국에 대항하여 앞장서 싸우실 것입니다.

Notes

beseech 간절히 원하다, 탄원하다(for), 청하다.
threaten 협박하다, 위협하다, 임박해 있다, (재해 따위의) 징후를 보이다.
on the horizon 수평선 위에, (사건 따위가) 임박한, 분명해지고 있는.
in behalf of=in a person's behalf ~(의 이익)을 위하여.

PROTECTION FROM TERRORISM 테러로부터의 보호

Heavenly Father, we are living in an age when terrorism is disrupting the lives of many around the world. I come against the evil spirit of terrorism in the name of Jesus.

Father, I ask You to overthrow the violent terrorists according to Your Word. I ask You to intervene in miraculous ways whenever terrorists plan to riot, take hostages, hijack vehicles, bomb airplanes, vehicles or buildings or participate in other evil actions. Thwart their plans Lord, and protect the innocent.

 Notes

disrupt   찢다, 부수다, 붕괴시키다, 혼란케 하다, 중단시키다.
intervene   사이에 끼다, 방해하다, 조정[중재]하다(between), 간섭하다(in).
hijack   납치.
thwart   방해하다, 좌절시키다, 꺾다.

하나님 아버지, 우리는 테러리즘이 전 세계에서 수많은 생명을 빼앗아가는 시대에 살아가고 있습니다. 저는 예수 그리스도의 이름으로 테러리즘의 악한 영을 대적합니다.

　하나님, 당신의 약속의 말씀을 따라 이 포악한 테러리스트들을 징벌하여 주시기를 원합니다. 그들이 폭동이나 인질, 납치, 비행기와 차량 혹은 건물 폭파를 계획하거나, 다른 악한 행동들을 주도할 때 하나님이 놀라운 방법으로 막아 주시기를 원합니다. 주님, 그들의 계획을 무력화 시키셔서 무고한 생명들을 보호해 주십시오.

2

Father, in the name of Jesus, we praise You and offer up thanksgiving because the Lord is near— He is coming soon. Therefore, we will not fret or have any anxiety about the terrorism that is threatening the lives of those who travel and those stationed on foreign soil or at home. But in this circumstance and in everything by prayer and petition with thanksgiving we constitute to make our wants known to You.

하나님 아버지, 주의 날이 가까움을 바라보며 예수 그리스도의 이름으로 곧 오실 주님을 찬양하며 감사를 올려 드립니다. 그러므로 해외나 국내에 거주하는 사람들이나 여행자들의 생명을 위협하는 테러리즘으로 인해 초조해하거나 불안해하지 않을 것입니다. 모든 일에 감사의 기도와 간구로 우리의 소원을 주께 올려 드립니다.

Notes

fret   초조하게 하다, 안달나게 하다, 괴롭히다.
station   부서에 앉히다, 배치하다, 주재시키다(at; on).
constitute   구성하다, 조직하다, 제정하다, (단체 등을) 설립하다.

THE FUTURE OF OUR LAND 이 나라의 미래

1

Thank You for Your faithfulness, Your goodness and Your mercy, Lord God. Watch over our nation and fulfill Your promises to us and to the generations to come. Teach our people that all of Your promises are yes in Christ. Your faithfulness is unto all generations; You have established the earth, and it abides. Teach us Your way, O Lord, and lead us in a plain path because of our enemies. Deliver our country from the will of our enemies. I believe to see Your goodness revealed in the land of the living.

 Notes

abide   머무르다, 묵다(in; at), 지탱하다(in), 살다(at; in), (아무의 곳에) 있다(with).
a plain path   평탄한 길

주 하나님, 당신의 신실하심과 선하심, 자비에 감사를 드립니다. 이 나라를 감찰하시고 우리와 우리 후손들에게 주실 약속을 성취하소서. 당신의 모든 약속은 그리스도 안에서 허락되었음을 이 민족에게 가르쳐 주소서. 당신의 신실하심은 모든 세대에 영원합니다. 주께서 이 땅을 세우셨고 그 땅이 지금껏 견고히 있음과 같이 말입니다. 주의 길을 우리에게 가르치시며, 주님, 우리를 대적들로부터 평탄한 길로 인도하여 주소서. 이 나라를 원수의 궤계로부터 구출하소서. 살아 있는 자의 땅에 당신의 선하심이 나타나심을 보리라 믿습니다.

2

Father, You know the plans You have for us, plans to prosper us and not to harm us, plans to give us hope and a future. Thank You for Your promise that when we call upon You that You will listen, and that we will find You when we seek You with all our heart. I ask You to stir the hearts of all Koreans to seek You with all their hearts, to call upon You and to enter in to the plan and the future that You have for us.

Let Your mercy be upon us, O Lord, according as we hope in You. Stay Your hand of judgment from our land, Lord, for there are still many righteous citizens who are faithful to You and there are still many lost to be saved.

Notes

stir   움직이다, 휘젓다, 분발시키다, 각성시키다(up), 감동[흥분]시키다(up).

하나님 아버지, 주님은 우리를 향한 계획을 알고 계십니다. 그 계획은 우리를 향해 재앙이 아닌 번영을, 우리에게 미래와 소망을 주고자 하심입니다. 우리가 주께 간구할 때 들으시며, 우리가 전심으로 주를 찾고자 하면 찾을 것이라는 약속에 감사드립니다. 주께서 우리 국민들의 마음을 감동하셔서 그들이 전심으로 주를 찾게 하시고, 주께 간구하며 당신이 우리를 향한 계획에 동참하게 하여 주시기를 기도합니다.

　주여, 우리가 주를 소망함을 따라 주의 자비가 우리에게 임하기를 원합니다. 이 나라에는 주께 신실한 의로운 자들이 아직 많이 있고 구원받아야 할 영혼들도 많이 있습니다. 그러니 주님, 이 나라에 대한 심판의 손을 멈추어 주소서.

3

Impart Your blessing to this generation, and to all generation yet to come. Be with our children, our grandchildren and with all who come after us. Teach us to intercede in prayer for our friends and our enemies, and as we do so, heavenly Father, I ask You to bless the latter days of Korea even more than You have blessed the former days.

이 세대와 오는 모든 세대에 걸쳐 당신의 축복을 나누어 주시기를 원합니다. 우리의 자녀들과 그 후손들, 그리고 오는 모든 세대와 함께하여 주소서. 하나님 아버지, 우리의 형제자매들뿐 아니라 우리의 원수를 위해서도 중보기도 할 수 있게 가르쳐 주소서. 그렇게 함으로써 주께서 이전에 우리나라에 베푸셨던 것보다도 앞으로의 날들을 더욱 축복해 주시기를 원합니다.

Notes
impart   나누어 주다, 주다(give)(to), 전하다(communicate), 알리다(tell)(to).
intercede   중재하다, 조정하다.

JUSTICE IN THIS LAND 이 땅의 정의

Lord, we live in a time when people cry for justice, an era in which there is a great need for deep, spiritual wisdom to be imparted to all our leaders. I pray for the Supreme Court justices, and for all who interpret the laws of our country, that You would imbue them with wisdom from on high.

주님, 우리는 사람들이 정의를 부르짖는 시대에 살고 있습니다. 지금은 이 나라의 모든 지도자들에게 깊은 영적인 지혜가 절실히 필요한 시대입니다. 대법원의 정의를 위해 기도하며, 이 나라의 법을 해석하는 모든 사람들에게 위로부터 오는 지혜를 덧입혀 주시기를 기도합니다.

 Notes

cry for   -의 다급함을 호소하다, -을 애걸하다, 꼭 필요로 하다.
era   기원, 시대, 시기(epoch).
supreme   최고의, 최상의, 가장 중요한, 최후의.
imbue, em-   -에게 감염시키다, -에 스며들게 하다, 물들이다(with).

2

Father, give us leaders, judges and officers who will judge with a pervading sense of godly and righteous justice. May they never wrest judgment, show improper favor to special interests or take gifts or bribes to influence their decisions. Rather, Lord, lead them to follow that which is altogether just and righteous so that Your people will be able to inherit the land which You have given to us.

하나님 아버지, 충만한 경건과 의로운 정의감으로 판단을 할 수 있는 지도자, 재판관, 공무원들을 우리에게 주소서. 그들이 판결을 왜곡하거나, 특정 목적을 위해 부당한 편견을 보이거나, 그들의 결정에 영향을 미칠 뇌물 및 선물을 주고받지 않게 하소서. 주님, 오히려 그들이 오직 공평하고 의로운 길을 따르게 하셔서 주의 백성들이 주께서 우리에게 허락하신 나라를 이어받을 수 있기를 원합니다.

 Notes

pervade -에 널리 퍼지다, 고루 미치다, 스며들다.
wrest 비틀다, (사실 등을) 왜곡하다, 견강부회하다.

Justice is supremely important to You, Lord. You have declared that just or righteous man walks in his integrity, and his children are blessed after him. Lord, give each of our citizens the desire to be known as a just person who walks in integrity. Bless them with the constant desire and with the capacity to walk in integrity. Lord, You are completely just and You are in the midst of our land. Those who do not follow You do not know the meaning of shame. Draw the unjust to Your grace, mercy and truth; convict them of their sin.

Notes

declare 선언하다, 발표[성명, 공언]하다, 분명히 하다, 표시하다.
constant 변치 않는, 항구적인, 견고한, 충실한.
convict -의 유죄를 입증하다, 유죄를 선언하다(of), -에게 죄를 깨닫게 하다.

주님, 당신은 정의를 중요하게 여기십니다. 주께서 선포하시기를, 공평하고 의로운 자는 완전함에 거하며 자녀들이 뒤이어 복을 받을 것이라고 하셨습니다. 주님, 우리 국민들 각자가 완전함에 거하는 의로운 사람으로 알려지는 열망을 갖게 하소서. 그들을 지속적으로 완전함에 거하고자 하는 열망과 능력으로 축복해 주소서.

주님, 주는 전적으로 의로우시며 이 땅 가운데 거하십니다. 주를 따르지 않는 자는 수치심이라는 뜻을 모릅니다. 불의한 자를 당신의 은혜, 자비, 진리로 이끄소서. 그들이 죄를 깨닫게 해주소서.

PEACE 평화

1

Almighty God, Lord of harmony and peace, who sets the limits and boundaries of the nations and marks the paths of history in Your wisdom, justice, and goodness, cause all strife and misunderstanding to cease, and grant peace to our nation.

We all are the children of Your creation and of Your love, and You have sent Christ Jesus to this world of sin and wickedness to redeem each one of us living on the earth. You have offered to all of us the Gospel of forgiveness and reconciling peace through the precious blood of Your dear Son.

Notes

strife 투쟁, 분쟁; 싸움, 쟁의.
wicked 악한, 사악한; 부정(不正)의, 불의(不義)의.
redeem 되사다, 회복하다, (그리스도가) 구속(救贖)하다, 속죄하다.
reconcile 화해시키다, (싸움 따위를) 조정하다, 일치시키다(to; with).

화합과 평화의 주님이신 전능하신 하나님, 주께서는 나라의 경계를 정하시고 당신의 지혜, 공의, 선하심으로 역사의 수로를 내시는 분입니다. 그러니 모든 분쟁과 오해를 멈추게 하시며, 이 나라에 평화를 허락하여 주소서.

    우리는 모두 당신이 창조하신 사랑의 자녀이며, 주께서 이 땅에 사는 우리를 구속하시기 위해 예수 그리스도를 죄와 불의가 가득한 이 세상에 보내셨습니다. 주께서 당신의 독생자의 보혈을 통해 우리 모두에게 용서의 복음과 화목케 하는 평화를 허락하셨습니다.

2

Grant all of us the grace to accept Your terms of reconciliation, and let me, too, enjoy the forgiveness of all my sin. I ask You, because of Your pardon to us, to make us forgiving, thoughtful, and considerate of one another. Grant that we of this generation may live side by side in quietness and peace, recognizing that each one of us has rights and privileges given us by You in Your goodness of heart. Teach me to look on others as fellow redeemed and permit them to enjoy those blessings that I want as my own.

하나님, 당신께서 베푸신 화평의 의미를 받아들일 수 있는 은혜를 주시길 원합니다. 또한 저의 모든 죄를 용서해 주신 것을 즐거워하게 하소서. 당신이 우리를 용서하심으로 인해 우리가 서로 용서하고, 배려하며, 긍휼히 여기게 하소서. 당신의 선하심을 따라 우리 각자에게 주신 권리와 특권을 인식하고, 같은 시대를 사는 우리가 조용한 가운데 평화롭게 함께 살아가게 하소서. 다른 사람을 함께 구속받은 형제로 여기도록 가르쳐 주시고, 제가 소유하고 싶어하는 축복들을 그들도 누릴 수 있도록 허락하소서.

 Notes

term 기간, 학기, 형기(刑期), 조건(of), [pl.] 관계, 말투, 어구.
considerate 동정심 많은, 인정이 있는, 사려 깊은.
side by side 나란히, 병행하여, -와 결탁하여(with).
privilege 특권; 특전, (특별한) 은혜, 면책, 면제.

1

Thank You, heavenly Father, for the Republic of Korea, and for the freedom, liberties and rights we enjoy as citizens of this blessed country. Help the people of our nation to cherish these freedom and never to take them lightly. To always remember that they were provided at great cost, including the loss of many lives of servicemen and servicewomen.

하나님 아버지, 대한민국을 허락해 주셔서 감사합니다. 그리고 이 축복된 나라의 시민으로서 우리가 누리는 자유, 해방, 모든 권리에 대해 감사드립니다. 이 나라 국민들이 자유를 소중히 간직하고 결코 소홀히 여기지 않도록 도와주십시오. 이 자유가 많은 남녀 군인들의 희생과 엄청난 대가로서 얻어진 것임을 항상 기억하게 하소서.

 Notes

cherish 소중히 하다, 귀여워하다, 소중히 기르다.
at a heavy[great] cost 큰 손해를 보고[희생을 치르고].
serviceman and servicewoman 남녀 (현역) 군인.

2

Bless our country with a year of Jubilee—a time when You will proclaim liberty throughout the land as the people humble themselves to walk in holiness before You. I ask You to proclaim liberty preached to the poor, to heal the broken-hearted and bring deliverance to the captives, recovering of sight to the blind, and set at liberty those who are bruised. Help people everywhere to know that you deliver people from the bondage of corruption into the glorious liberty of Your children.

사람들이 겸손히 주 앞에 거룩하게 행하고자 할 때, 주는 이 나라에 해방을 선포하는 희년으로 축복하여 주십시오. 주께서 가난한 자에게 자유를 선포하시며, 슬픔에 잠긴 자들을 치유해 주시고, 포로 된 자들을 해방시켜 주시기를 기도합니다. 또한 눈먼 자들의 시력을 회복시켜 주시고, 상처받은 영혼들을 해방시켜 주시기를 원합니다. 주님은 주의 백성들을 부패의 속박으로부터 영광스러운 자유로 구원하신다는 것을 전 세계 모든 사람들로 하여금 알게 도와주십시오.

Notes

jubilee   (유대교) 희년(禧年), 대사(大赦)의 해, 50년제(祭) 축제(festival).
broken-hearted   기죽은, 비탄에 잠긴, 상심한.
bruise   -에게 타박상을 입히다, 멍이 들게 하다, (감정을) 상하게 하다.
corruption   타락, 부패 (행위), 위법 행위, 변조.

3

Father, pour forth Your Spirit upon our land in special grace and power so that multitudes will be saved. Remember especially the people in North Korea who are in religious suppression and extreme poverty. I pray for the release of Your people from religious persecution and political despotism. Set them free, Lord, and heal the pains and sorrows of the people who have been split North and South for so long since Korea war.

하나님, 많은 무리들이 구원을 받도록 특별한 은혜와 능력으로 이 땅에 당신의 영을 부어 주소서. 특히 종교적인 억압과 극도의 가난에 처해 있는 북한에 있는 사람들을 기억해 주소서. 당신의 백성들이 종교적인 핍박과 정치적 독재주의에서 해방되기를 기도합니다. 주님, 그들을 해방시켜 주시고, 한국 전쟁 이후 오랜 세월 남과 북으로 분단되어 살아 온 자들의 아픔과 슬픔을 치유해 주소서.

Notes

multitude 다수, 군중, 대중.
suppression 억압, 진압, 억제.
persecution (특히 종교상의) 박해, 괴롭힘.
despotism 독재, 전제 정치, 폭정.

UNITY AND HARMONY 일치와 화합

The harmony and unity in a church will never exceed the harmony and unity in the homes represented in the congregation. Each household actually should be a mini-church coming together to form a body of believers. Love must originate from God the Father. For years I gave glory to the Lord for the love and peace of God which reigned supreme in our home. Many times circumstances said, "It isn't so"; God, however, watched over His Word to perform it in our lives.

 Notes

exceed (수량 한도를) 넘다, 초과하다, -보다 뛰어나다, 능가하다.
congregation 모이기, 모임, (교회의) 회중, 신도들.
household 가족, 세대; 한 집안(고용인 포함).
supreme 최상의, 맨 위의.

교회에서의 화합과 일치는 가정에서의 화합과 일치를 결코 능가하지 못할 것입니다. 각 가정은 사실상 믿는 자들의 한 몸을 형성하기 위해 함께 모이는 작은 교회가 되어야 합니다. 사랑은 하나님 아버지로부터 오는 것이어야 합니다. 지난 수년 동안 우리 가정에 충만했던 하나님의 사랑과 평안에 대해 주님께 영광을 돌렸습니다. 대부분 상황상 그렇지 않아 보이는 경우가 많았지만, 하나님은 우리의 삶 속에 그분의 말씀이 역사하게 하셨습니다.

2

We commit, in the name of Jesus, and according to the power of God at work in us, to be of one and the same mind, sympathizing, loving as brethren, compassionate and courteous—tenderhearted and humble-minded.

We will never return evil for evil or insult for insult—scolding, tongue-lashing, berating; but on the contrary blessing—praying for their welfare, happiness, and protection, and truly pitying and loving one another. For we know that to this we have been called, that we may ourselves inherit a blessing (from God)—obtain a blessing as heirs, bringing welfare and happiness and protection.

Notes

compassionate 자비로운, 동정심이 있는, 온정적인.
tenderhearted 다정한, 상냥한, 인정 많은.
tongue-lashing 욕설, 비난.

예수 그리스도의 이름으로, 그리고 우리 가운데 역사하시는 하나님의 능력을 따라 기도드립니다. 우리가 서로 하나 되며 한마음을 품고 형제로서 서로 사랑하며, 배려하고, 예의를 갖추며, 인자하고 겸손한 마음을 가질 수 있기를 원합니다.

　우리는 결코 책망하거나 욕설을 퍼붓고 질책하며 악을 악으로 갚거나 모욕을 모욕으로 갚지 않을 것입니다. 반대로 그들의 번영과 행복, 보호를 위해 기도하며, 진실로 서로를 긍휼히 여기고 사랑하며 축복할 것입니다. 이로 인해 번영과 행복과 보호를 유업으로 받아 하나님으로부터 축복을 받을 수 있도록 우리가 부름 받았음을 압니다.

REVIVAL IN THIS LAND 이 나라의 부흥

Lord, I thank You that You are the God of revival. You desire to impart new life to the redeemed and salvation to the lost. Thank You for sending Jesus, Your Son, to save that which was lost. It is not Your will for many to perish, but for all to come to a knowledge of Your saving grace.

주님, 당신이 부흥의 하나님이신 것에 감사를 드립니다. 주께서는 구속 받은 자에게는 새 생명을, 잃어버린 자에게는 구원을 허락하시기를 기뻐하십니다. 잃어버린 영혼을 구원하기 위하여 당신의 아들 예수님을 보내 주셔서 감사합니다. 사람들이 멸망하는 것은 주님의 뜻이 아닙니다. 당신은 모든 사람들이 구속의 은총을 아는 지식에 이르기를 원하십니다.

 Notes

revival 소생, 재생, 부흥: (기독교) 신앙부흥 (운동), 신앙 부흥 전도 집회.
impart 나누어 주다, 주다 (give)(to), (지식 따위를) 전하다 (communicate).
redeem 되사다, 되찾다, 속량(贖良)하다, (그리스도가) 구속하다.
perish 멸망하다, 죽다, 사라지다; 썩다, 타락하다.

2

Send revival to Korea, Lord. Draw men, women and young people to You for You are truly our only hope. Reveal the truth to people everywhere—that they can be saved only by grace, through faith, and that is not of themselves, but it is Your gift to them. Thank You for saving me, Lord. Help me to be a witness wherever I go and an intercessor at all times. Teach me how to be joyful always, to pray without ceasing and in everything to give thanks for I know this is Your will for me.

주님, 대한민국에 영적 부흥을 주소서. 당신은 진실로 우리의 유일한 소망이니 우리 젊은이들을 주께로 인도하소서. 모든 사람에게 진리를 밝혀주셔서 그들이 은혜와 믿음으로만 구원을 받는다는 사실과 이것이 그들 스스로의 힘이 아닌 당신의 선물임을 알게 하소서. 주님, 저를 구원해 주시니 감사합니다. 제가 어디를 가든지 당신의 증인이 되게 하시고, 항상 중보기도자가 되게 도와주소서. 제가 항상 기뻐하고, 쉬지 않고 기도하며, 범사에 감사할 수 있도록 가르쳐 주소서. 이것이 저를 향한 당신의 뜻이라는 것을 압니다.

Notes

reveal   (숨겨졌던 것을) 드러내다, 알리다, (신이) 묵시하다, 계시하다(to).
witness   증언, 증인, 목격자.
ceasing   중지, 중절, 종결.

3.

Intervene in the affairs and values of our nation, O Lord, so that many shall fear Your name, and behold Your glory from the rising of the sun. I know that when the enemy shall come in like a flood, Your Spirit will lift up a standard against him. And You, Lord Jesus christ, our Redeemer, will come to us and unto all that turn from their transgressions. Praise Your holy name.

오 주님, 이 나라의 크고 작은 모든 일들과 가치관들에 관여해 주소서. 많은 사람들이 당신의 이름을 경외하고, 해가 뜨는 데서부터 당신의 영광을 바라보기를 원합니다. 원수가 홍수와 같이 올지라도 주의 성령이 저에게 판단의 기준을 높이셔서 사탄을 대항할 수 있게 할 줄로 믿습니다. 그리고 우리의 구속자이신 주 예수께서 죄를 멀리하는 우리 모두에게 임하실 것입니다. 주의 이름을 찬양합니다.

 Notes

behold 보다(look at).
transgression 위반, 위법, 파계(破戒).

직업과 사회를 위한 기도

"And pray in the Spirit on all occasions with all kinds of prayers and requests. With this in mind, be alert and always keep on praying for all the saints."

_ Ephesians 6:18

"모든 기도와 간구로 하되 무시로 성령 안에서 기도하고 이를 위하여 깨어 구하기를 항상 힘쓰며 여러 성도를 위하여 구하고." _ 에베소서 6:18

Come and help us, Lord Jesus. A vision of Your face will brighten us; but to feel Your Spirit touching us will make us vigorous. Oh! for the leaping and walking of the man born lame. May we today dance with holy joy like David before the ark of God. May a holy exhilaration take possession of every part of us; may we be glad in the Lord; may our mouth be filled with laughter, and our tongue with singing, "for the Lord hath done great things for us whereof we are glad." _ Charles H. Spurgeon

주 예수님, 오셔서 우리를 도와주소서. 주의 얼굴을 볼 수 있다면 우리가 기뻐할 것입니다; 또한 주의 성령이 우리를 만져 주시는 것을 느끼는 것만으로도 힘을 얻을 것입니다. 절름발이로 태어난 자가 걷고 뛰는 것을 보십시오! 하나님의 언약궤 앞에서 다윗과 같이 우리도 오늘 거룩한 즐거움으로 춤추기를 원합니다. 거룩한 희열이 우리 몸 전체를 사로잡아서 주 안에서 기뻐하기 원합니다. 우리의 입이 웃음으로 가득 차고, 우리의 혀는, "주께서 우리에게 위대한 일을 행하셨으니 우리가 즐거워하나이다."라고 노래하기 원합니다. _ 찰스 H. 스펄전

LAW ENFORCEMENT OFFICERS 법 집행관

Father, Your perfect love casts out all fear. I rejoice in the knowledge that You have replaced a spirit of fear in my life with Your power, love and a sound mind. May the leaders and law enforcement officers of our land discover Your love, walk in its security and respond to people in Your love, authority and power.

아버지, 당신의 완전한 사랑은 모든 두려움을 물리치게 합니다. 주께서 저에게 두려움 대신 당신의 권능, 사랑과 평안함을 주셨으므로 저는 즐거워합니다. 이 땅의 지도자들과 법 집행관들이 당신의 사랑을 알고, 그 안전함에 거하며, 사람들에게 당신의 사랑, 권세와 능력으로 대하기를 기원합니다.

Notes

enforce (법률 등을) 실시[시행]하다, 집행하다.
law enforcement officer 법[법률] 시행관, 집행 공무원.

2

The stresses and strains that are faced daily by the police and their families are incomparable. I beseech You in behalf of each law enforcement officials that You would reveal Your love to each one, helping him or her to realize that in You there is redemption, even the forgiveness of sins. Impart wisdom to these men and women as they face the challenges of each day. Protect them and keep them from the evil one.

경찰들이나 그 가족들이 매일 직면하는 긴장과 스트레스는 엄청납니다. 이들 법 집행관들을 위하여 간구하오니 이들 각자에게 당신의 사랑을 나타내셔서 주께 구원과 죄의 용서가 있음을 그들이 깨닫도록 도와주소서. 매일 갖가지 도전에 직면하는 그들 각자에게 하나님의 지혜를 주소서. 악으로부터 그들을 보호하시고 지켜 주십시오.

Notes

strain 긴장, 피로, 정신적 긴장, 중압.
beseech 간절히 원하다, 탄원하다(for).
redemption (예수에 의한) 구속(=salvation), 되찾음, 죄인을 구제함.
impart 나누어 주다, 주다 (give), (지식, 비밀 따위를) 전하다, 알리다(tell) (to).

3

Restore a respect for authority among our people in this crucial hour. Affirm Your power to law enforcement officers and remind each one of his or her need to be in subjection to You. Help me and my fellow citizens always to pray for and respect these men and women who risk their lives for us.

이 어려운 시기에 사람들이 권위를 존중하는 태도를 회복하게 하소서. 법 집행관들이 당신의 권위를 인정하고 그들 각자가 주님께 복종할 필요를 깨닫게 하소서. 우리를 위하여 위험을 감수하는 이들을 위해 늘 기도하고 존경하도록 도와주십시오.

Notes

crucial   결정적인, 중대한(to, for), 어려운.
affirm   확언하다, 단언하다, 긍정하다.
in subjection to   -에 종속[복종]하여.
risk   위험에 내맡기다, 위태롭게 하다, (목숨 등을) 걸다.

MEDICAL PROFESSIONALS 의료인

1

Lord, I thank You that You are the Great Physician, the healer of our souls and bodies. You are the One who heals us. You restore my soul and You lead me in the paths of righteousness for Your goodness and Your name's sake. Be with our doctors, nurses, technicians, therapists and other medical professionals. Help them to acknowledge their utter dependence on You and to humble themselves under Your mighty hand.

주님, 당신은 위대한 의사이시며 우리의 몸과 영혼의 치료자이심을 감사드립니다. 당신은 우리를 치료하는 분입니다. 주께서 제 영혼을 회복시키시어 하나님의 선하심과 당신의 이름을 위해 의의 길로 인도하소서. 의사, 간호사, 기술자, 치료사, 그리고 다른 의료인들과도 함께하여 주소서. 그들이 당신을 전적으로 의존해야 함을 인정하고, 그들 자신이 당신의 능력의 손안에서 겸손하도록 도와주소서.

 **Notes**

physician 의사, 치료자, 내과의(사). [cf.] surgeon, doctor.
sake 위함, 이익, 목적, 이유.
therapist=therapeutist 요법학자; 임상의사, 치료사.

Impart Your precious wisdom to all those who have to make important decisions about health care—to the families of the sick, to the physicians and all involved in the important work of healing. Help them to know that fearing You, the Mighty God, is the beginning of that wisdom. You took our infirmities and You bore our sicknesses. You are interested in the health and healing of people. You are full of love and compassion.

건강 관리에 있어 중요한 결정을 해야 하는 환자의 가족이나 중대한 치료를 담당하는 의사들과 관련된 모든 사람들에게 주님의 귀중한 지혜를 나누어 주소서. 그들에게 전능하신 하나님을 경외하는 것이 그러한 지혜의 근본임을 깨닫게 도와주소서. 주께서 우리의 연약함을 담당하시고 우리의 질병을 담당하셨습니다. 주께서는 사람들의 건강과 치유에 관심을 갖고 계십니다. 당신은 곧 사랑과 자비로 충만하십니다.

Notes

impart   나누어 주다, 주다(give to).
infirmity   허약, 나약함.
bear   (의무, 책임을) 지다, 떠맡다, (비용을) 부담하다. (손실 따위에) 견디다.

3

Lord, I thank You for the cures, vaccines and inoculations that have been discovered for so many diseases. Bless and guide all those who are involved in medical research. Lead them to the cures for the diseases that affect our population —cancer, multiple sclerosis, AIDS, heart disease and other afflictions.

주님, 수많은 질병들을 치유하기 위해 그동안 발견된 치료법, 백신과 접종들에 대해 감사드립니다. 의학 연구에 관련된 사람들을 축복해 주시고 인도해 주소서. 우리 인류에 영향을 미치는 질병들, 즉 암, 다중 경화증, 후천성 면역결핍증, 심장병과 다른 여러 질병들을 그들이 치유할 수 있도록 인도해 주소서.

Notes

inoculation   접붙임, (예방)접종, (사상 등의) 주입, 감화.
sclerosis   경화증(硬化症), 경화, 경결.
affliction   고통, 고생(misery), 병, 재해(calamity), 역경.

TEACHERS 교사

1

Help me to be a teacher such as You love. Give me the right kind of love for each one of Your children entrusted to my care, that my love will be a true reflection of the love which You have for every individuals. Keep me mindful that You have created my pupils and have given them different talents, all of which are intended to glorify You.

제가 주님이 사랑하시는 그러한 선생이 되게 하여 주소서. 저에게 맡겨 주신 당신의 아이들 하나하나를 위한 바른 사랑을 주시기를 원합니다. 그리하여 그들을 향한 저의 사랑이 당신이 모든 인류를 향해 품으신 그런 사랑을 반영하는 자가 되게 하소서. 당신께서 이 학생들을 창조하셔서 각기 다른 재능을 주셨고, 이 모든 재능이 또한 당신을 영화롭게 하기 위한 것임을 기억하게 하소서.

 Notes

reflection 반영, 반성, 숙고, 회상.
pupil 학생(흔히 초등학생, 중학생), 제자, 미성년자, 피보호자(남자 14세, 여자 12세 미만).

2

Heavenly Father, You have called me to a position of great responsibility as a teacher of growing boys and girls. Keep me aware of my obligation to help prepare them for their place in life and to teach them to be mindful of their duties to God and others. I pray You, give me patience and kindness, wisdom and understanding, in dealing with the children entrusted to my care. Preserve me from saying and doing anything in the classroom that would offend "one of these little ones."

하나님 아버지, 주께서 자라나는 아이들을 위한 선생으로서 저를 중요한 책임 있는 자리에 부르셨습니다. 그들이 인생의 목적을 위해 잘 준비하도록 돕고, 그들이 하나님과 다른 사람들을 향한 본분을 주의 깊게 기억하도록 가르치는 저의 책임을 늘 인식하게 하소서. 아이들을 돌보는 데 필요한 인내, 친절, 지혜와 명철을 주시기를 기도합니다. 교실에서 '이 어린아이들 중 하나'라도 마음 상하게 하는 어떠한 말이나 행동이라도 하지 않게 도와주소서.

Notes

obligation 의무, 책임, 채권[채무] 관계.
mindful 주의 깊은, 마음에 두는, 잊지 않는(of).
preserve from -ing=keep from -ing -을 하지 못하게 하다, -으로부터 지키다.
offend 성나게 하다, 기분을 상하게 하다, (법 따위를) 위반하다, 범하다.

Keep me from becoming impatient and fretful. Give me enough success to be encouraged and enough reversals to be kept humble. Enable me to be a loyal co-worker to my associates, and bless their work as well as mine. Give the parents of my pupils a keen sense of the responsibilities You have given them, and help me to assist them in the training of the young, that in all things You may be glorified.

Grant me the grace to be a godly example of Christian piety, and use me to be a blessing to those under my care. Hear me for Your mercy's sake.

 Notes

fretful 초조한, 성마른, 불평이 많은.
reversal 반전(反轉), 거꾸로 움직임, 역전, 원판결의 파기.
keen 날카로운, 예리한(sharp), 강렬한, 열심인.
piety (종교적인) 경건, 충성심, 신앙심[충성심] 깊은 언동.

제가 조급해하거나 초조해하지 않게 하여 주십시오. 충분히 고무될 만한 성공도 주시며 또한 충분히 겸손해지도록 상황의 반전도 허락해 주십시오. 저의 동료들에게는 충실한 동역자가 되도록 인도해 주시고, 저뿐 아니라 그들의 일도 축복하여 주십시오. 우리 학생들의 부모가 그들에게 부여된 책임에 민감하게 하시며, 제가 또한 그들이 아이들을 훈육하는 데 도움이 되게 하셔서 범사에 주께서 영광을 받으시기를 원합니다.

　그리스도인으로서 경건의 거룩한 본이 되는 은혜를 주시어 제가 돌보는 아이들에게 축복이 되도록 저를 사용하여 주소서. 주의 자비하심으로 저의 기도를 들어주십시오.

SCIENTISTS 과학자

1

I ask You to bless my studies and research to advance the welfare of all people. Keep me from perverting the forces of Your creation to the destruction of humanity. As I work with my instruments and study my test tubes, may I see in all that I do the glories of Your marvelous creation and thereby be led to recognize You as the only true God. Grant that my studies of natural forces may strengthen my faith in the truths of Holy Scripture. Give me the guidance of Your Spirit that I may become more familiar with the revelation that far exceeds the results of scientific research, and may discover the greatest truth ever given to humanity—that Your son came into this world to redeem and save sinners. Cause me to accept this truth and to always hold fast to Christ as my personal Saviour in a living faith, for His name's and my soul's sake.

Notes

advance   나아가게 하다, 촉진시키다, 증진하다.
pervert   벗어나게 하다, 악용하다, 곡해하다.
exceed   넘다, 초과하다, -보다 뛰어나다, -을 능가하다.
hold fast (교분 등이) 굳게 계속되다, 굳게 붙잡다.

사람들의 복지 증진을 위한 저의 연구와 조사를 주님이 축복해 주시기를 원합니다. 당신의 창조의 능력을 인간성의 파괴로 악용하지 않게 하소서. 제가 모든 도구와 연구 그리고 시험관을 사용해 일할 때, 이 모든 일에서 당신의 놀라운 창조를 발견하고 그로 인해 당신을 유일한 참 하나님으로 인정하도록 인도하소서. 자연의 힘을 연구함으로써 성경의 진리에 더욱 강한 믿음을 갖게 하소서. 당신의 성령께서 저를 인도하시어 과학적 조사의 결과를 능가하는 하나님의 계시에 눈을 뜨게 하소서. 그리고 당신의 독생자 예수께서 죄인들을 구속하기 위해 이 땅에 오신, 우리 인간에게 주신 이 가장 위대한 진리를 발견하게 하소서. 저에게 이 진리를 받아들이게 하셔서 예수님의 거룩하신 이름과 저의 영혼을 위하여, 살아 있는 믿음 안에서 그리스도를 저의 개인적 구세주로 항상 단단히 붙잡게 하여 주소서.

FARMERS 농부

Lord God, heavenly Father, the earth is Yours, and the cattle of a thousand hills are Yours. You are the Source of life which created this world with its rich resources.

Help me to be a good caretaker of the land entrusted to my care. Preserve me from forgetting Your ownership and my stewardship, lest I become proud and forget You, or lest I become careless and waste what is Yours. Fill my heart with gratitude for the yield of the land and the fruits of my labors. If it be Your will, grant me bountiful harvests so that I may joyfully praise You and bountifully share these blessings for the spreading of Your saving Gospel.

 Notes

caretaker (공공시설 등의) 관리인, 문지기, 수위.
gratitude 감사, 보은의 마음; 사의(謝儀).
bountiful=bounteous 물건을 아까워하지 않는, 관대한, 인정 많은, 풍부한.

주 하나님 아버지, 천지가 주의 것이고 산 등성 위의 육축들이 주의 것입니다. 당신이 이 땅의 모든 풍요로운 만물을 창조하신 생명의 근원이십니다.

   주께서 저에게 맡겨 주신 이 땅의 선한 청지기가 되게 도와주소서. 주께서 소유주가 되시고 제가 그 청지기 됨을 자칫 망각하여, 자만해서 당신을 잊어버리거나 부주의하여 당신의 것을 낭비하는 일이 없게 도와주소서. 땅의 소산과 제가 일한 대가로 얻은 열매에 대해 제 마음이 감사로 가득 차게 하소서. 당신의 뜻이라면 풍요로운 수확을 허락하시어 제가 기쁘게 주를 찬양하고 당신의 구원의 복음을 전파하는 데 이 축복을 마음껏 쓰게 하소서.

THE ECONOMY 경제

I pray for the finances of our country to be administered wisely and fairly, for our taxes to be as low as possible and for wasteful and foolish spending to be stopped. Give the leaders in government, labor and business the will and the wisdom to work together and develop and implement the plans and strategies that will strengthen all areas of our economy.

이 나라의 재정이 현명하고 공평하게 관리되기를 기도합니다. 가능한 한 세금은 낮아야 하고, 낭비적이고 무모한 지출은 중단되어야 합니다. 정부와 노동계, 사업가 지도자들에게 우리나라 경제 모든 분야를 강화시킬 계획과 전략들을 함께 발전시키며 이행할 의지와 지혜를 주십시오.

Notes

administer 관리하다, 지배하다, (법령을) 집행하다, 공급하다(to).
implement -에게 필요한 도구, 수단, 권한을 주다, (약속 따위를) 이행하다(fulfil), (조건 등을) 충족하다.

2

Prosper the businesses of Korea with good profits so they can pay their employees well and have plenty of money left over to finance business growth. And the people in businesses may fairly conduct their works in accordance with honesty and social responsibility, drawing to a constructive cooperation without blowing damages to each other through illegal and reckless sabotages when there be any disunity between the employer and the employees.

Lord, pour Your blessing on our land, and give us a sense of Your vision and purpose for Korea. For blessed is the nation whose God is the Lord.

Notes

conduct 인도하다, 안내하다, 지휘하다, 집행하다, 행동하다.
in accordance with -에 따라, -와 일치하여.
reckless 분별없는, 무모한. 개의치 않는(of).
sabotage (쟁의 중의 노동자에 의한) 공장 설비의 파괴, 생산 방해.

충분한 이익으로 한국의 기업들이 번창케 하셔서 근로자들에게 넉넉한 임금을 주고, 충분한 자금으로 기업 성장을 지원할 수 있기를 원합니다. 또한 사업을 하는 기업인들은 고용주와 근로자 사이에 불화가 있을 때 무모하고 불법적인 파업 행위로 서로에게 피해를 주지 않길 원합니다. 건설적인 협력을 끌어냄으로써 정직함과 사회적 책임에 부합되도록 공평하게 기업을 운영해 나가기를 원합니다.

 주님, 이 나라에 당신의 축복을 부어 주셔서 우리나라를 향한 주님의 비전과 뜻을 알게 하소서. 하나님을 주로 삼는 나라는 복이 있습니다.

THE EDUCATION 교육

Heavenly Father, inspire today's educators with a desire to follow You, to always seek to follow after that which is good, so that they will always remember to be positive role models for our children and youths.

I ask You to remove evil from the schools of our land, preserve the students from all evil and preserve their souls. Impart wisdom to our leaders so that they will know how to deal with violence, drug abuse, sexual immorality, and other evils that are coming against young people today.

inspire 고무[격려]하다, (사상 등이) 일어나게 하다, 느끼게 하다(with).
violence 격렬함, 맹렬함, 폭력, 난폭.
drug abuse 약품, 마약 오용이나 남용.

거룩하신 하나님 아버지, 오늘의 교육자들이 주를 따르고자 하는 열망을 가지며, 선한 것을 항상 추구하도록 감화시키시기를 기도합니다. 그리하여 우리 어린이들과 청소년들에게 긍정적 표본이 될 것을 늘 기억하게 하소서.

주님, 이 나라의 학교로부터 모든 악을 제하시기를 기도합니다. 그리고 학생들을 모든 악으로부터 지켜 주시며, 그들의 영혼을 보호해 주시기를 기도합니다. 우리 지도자들에게 지혜를 주셔서 그들이 오늘날 젊은이들에게 엄습하는 폭력과 마약 남용, 성적 문란, 다른 악한 것들을 어떻게 다룰지 알게 하소서.

2

Happy is the man who finds Your wisdom, Lord, and the man who gains understanding prospers. Teach our children and young people to keep their hearts with all diligence, for out of the heart are the issues of life. Help our young people to return to Your Word, to attend to Your voice, to incline their ears to Your sayings, for they are life unto those who find them, and health to all their flesh.

주님, 당신의 지혜를 발견하는 자가 복되며, 깨달음을 얻는 자가 번영하게 됩니다. 어린이들과 젊은이들이 마음을 항상 근면하게 지키도록 가르쳐 주십시오. 마음은 생명의 근원이기 때문입니다. 우리 젊은이들이 주의 말씀으로 돌아오고, 당신의 음성을 들으며, 주의 말씀에 귀 기울이게 도와주십시오. 이를 발견하는 자들에게는 생명이 되며, 그들의 육체에는 건강이 되기 때문입니다.

Notes

issue   나옴, 유출(물), 발행, 논쟁, 토론.
attend   -에 출석하다, 을 수반하다, 간호하다, -에 주의하다.
incline   기울이다, (몸을) 굽히다, -할 마음이 내키게 하다.
flesh   살, 육체(body)(영에 대하여).

3

Take away the blindness of some of our educators—especially those who have a humanistic orientation—who place their faith in the wisdom of men instead of the power of God.

Renew our minds, Lord, through Your Word so that we will learn to see things as You see them. Renew our school systems, Lord, so that they will become centers of righteousness and godliness once again.

하나님의 능력 대신 인간의 지식을 신뢰하는, 특히 인본주의적 경향을 가진 우리 일부 교육자들의 무지를 고쳐 주십시오.

주님, 우리가 주께서 보시는 대로 사물을 보는 법을 배울 수 있도록 주의 말씀을 통하여 우리의 마음을 새롭게 하여 주십시오. 다시 한번 학교가 정의와 경건함의 중심이 되도록 우리 학교의 체계를 새롭게 하여 주소서.

Notes

take away 나르다, 옮기다, 줄이다, 제거하다, 물러가다.
blindness 맹목, 무분별(recklessness), 무지(ignorance).
renew 새롭게 하다, 갱신시키다, 부활[재흥]하다, 회복하다.
godlines 경신, 경건, 신앙심이 두터운 성격.

THE MEDIA 미디어

Heavenly Father, for many years we've watched the gradual desensitization of our society as a result of some media that have become saturated with sexual immorality, profanity, violence and rebellion in both print and broadcast realms. I ask You to convict the hearts of the products and other media representatives of their need to be both responsible and caring with regard to programming and publishing. I ask You, Lord, to convict them in their own consciences.

하나님 아버지, 지난 수년 동안 출판 및 방송 분야에서 성적 문란, 불경스러움, 폭력과 폭동 등으로 점철된 일부 대중매체로 인해 사회가 점차 무감각해지는 것을 보아 왔습니다. 이들 매체의 대표자들의 마음에 프로그램 편성과 제작에 있어 책임감을 갖고 유의할 필요를 느끼도록 경각심을 주시기를 원합니다. 주님, 그들이 양심의 가책을 느끼게 하여 주소서.

 Notes

desensitization 감수성 상실, 둔감해짐
saturated 스며든, 흠뻑 젖은, 포화 상태가 된.
profanity 신성을 더럽힘, 모독, 신성을 더럽히는 언행.
convict -의 유죄를 입증하다, 유죄를 선언하다(of), -에게 죄를 깨닫게 하다.

2

Inspire our leaders to bring our national priorities in line with Yours, O Lord. Move on their hearts to seek counsel from Your mouth and to incline their ears to Your wisdom and their hearts to the understanding You alone can give. Break through to media representatives and advertisers and convince them of their need to follow suit and of their need for responsibility and accountability to You and to this nation.

오 주님, 우리의 지도자들이 국가적 우선순위를 당신의 뜻에 합당하게 둘 수 있도록 영감을 주소서. 그들의 마음을 감동시키셔서 당신의 입으로부터 나오는 조언을 구하게 하시기를 원합니다. 그리고 당신의 지혜에 귀 기울이게 하시며, 주님만이 줄 수 있는 명철함에 마음을 쏟게 하소서. 미디어 대표들과 광고주들에게 손을 뻗치셔서 그들이 좋은 선례를 따를 필요와 당신과 이 나라를 향한 책임과 소명의 필요를 깨닫게 하소서.

Notes

in line with   -와 조화[일치]하여.
incline   기울이다, 경사지게 하다, (귀를) 기울이다.
break through   -을 헤치고 나아가다, 진전을 이루다, 극적인 돌파구를 발견하다.
follow suit   카드놀이에서 남이 내놓은 패와 같은 패를 내다, 남이 하는 대로 하다, 선례에 따르다.

THE ENVIRONMENT 자연환경

O Lord, my God, the heavens declare Your glory and the firmament shows forth Your handiwork. You form the mountains and create the wind. The Lord of hosts is Your name. I thank You that You have created mankind in Your own image, and You have declared that it is our responsibility to have dominion over Your creation, to replenish the earth and to subdue it.

Lord, help all of Your creatures to realize that the earth is Yours and the fullness thereof. Help us to partake of the fullness You have provided with thanksgiving, to enjoy Your creation and to be good stewards of all that You have given to us.

 Notes

firmament   하늘, 창공(sky), 천계(天界)(heavens).
handiwork   손일, 수세공, 작품.
replenish   새로 보충[보급]하다(with), 사람으로[동물로] 가득 채우다.
subdue   정복하다, 복종[진압]시키다, (분노 따위를) 억제하다, 경감하다.

오 주 나의 하나님, 하늘이 주의 영광을 선포하고 하늘이 주의 솜씨를 자랑합니다. 당신은 산을 만드시며 바람을 창조하신 분입니다. '만군의 주'가 당신의 이름입니다. 주께서 인류를 주의 형상대로 지으셨으며, 당신의 창조물을 다스리고, 땅에 충만하여 이를 정복하는 것이 우리의 의무라고 선포하심을 감사드립니다.

  주님, 주의 모든 피조물들로 하여금 이 땅과 여기에 충만한 것이 모두 주의 소유임을 깨닫게 도와주십시오. 주께서 공급하시는 모든 충만함을 우리가 감사함으로 나누기를 원합니다. 당신의 창조를 즐거워하고 주께서 우리에게 허락하신 모든 것을 선하게 관리하는 자가 되도록 도와주십시오.

2

You sit upon the circle of the earth. You stretch out the heavens as a curtain and You spread them out as a tent to dwell in. Lead men, Father, to lift up their eyes on high so that they will be able to behold the One who created the environment, for You are strong in power.

Help all Koreans to be good stewards of Your creation, Father, and of all that You have made. You own the cattle on a thousand hills, all the fowls of the mountains, every beast of the forest, and the wild beasts of the fields. May I never make the mistake of thinking that anything You've given is my own personal possession.

Notes

stretch out -을 늘이다, 펼치다, 팔 다리를 뻗다, 성큼성큼 걷기 시작하다.
cattle 소, 축우(cows and bulls).
fowl 닭, 가금, 새.

주님은 지구의 궤도 위에 앉아 계십니다. 하늘을 커튼과 같이 내리시며 그 안에 거할 장막을 펼치십니다. 하나님 아버지, 사람들이 눈을 높이 들어 이러한 환경을 조성하신 자를 바라볼 수 있게 하소서. 당신은 능력이 강하신 분이기 때문입니다.

 하나님, 모든 한국인들이 당신의 창조와 만드신 모든 것에 선한 청지기가 되도록 도와주십시오. 언덕 위의 수많은 가축들이 주의 것이며, 산의 모든 들새들과 숲 속의 모든 동물들, 들판의 맹수들까지도 다 주의 것입니다. 주께서 주신 어떠한 것도 나 개인의 소유물이라고 생각하는 잘못을 범하지 않게 하소서.

3.

Forgive us, Lord, for the ways in which we have abused the natural resources You have provided for us. The people of Your creation have polluted the air and water with chemicals, we've improperly depleted the earth of vital elements and some species of wildlife—we have done great damage to much of Your beautiful work. Forgive us, Father, and help us to bring the environment into a state of recovery. Unite us in this common goal.

주님, 주께서 주신 자연 자원을 우리가 남용한 것을 용서하여 주십시오. 주께서 지으신 인간들이 화공약품으로 공기와 물을 오염시켰고, 일부 야생 동물들과 지구의 중요한 자원들을 부당하게 고갈시키는 등 당신의 아름다운 작품에 커다란 손상을 입혔습니다. 하나님, 우리를 용서하여 주시고, 자연환경을 우리가 다시 복원하도록 도와주십시오. 이 공동 목표에 우리가 하나 되게 하소서.

Notes

pollute   더럽히다, 불결하게 하다, 오염시키다, 타락시키다.
deplete   (세력, 자원 따위를) 고갈[소모]시키다, -에서 (자원 따위를) 빼앗다(of).

 고령화

Bless the care-givers who watch out for the needs of our growing elderly population, Lord. Teach them to wait upon You for the strength they need. How I thank You, Father, that all those who wait upon You shall renew their strength. They shall mount up with wings as eagles; they shall run, and not be weary; and they shall walk, and not faint.

Come against all those who would discriminate against or even abuse the elderly, Lord. Move on the hearts of all our people to show their elders honor, respect and love.

 Notes

care-giver 살피는 자, 돌보는 자, 관심을 기울이는 사람.
wait upon(on) −을 모시다, 시중들다.
faint 실신하다, 기절하다, 생기를 잃다.
discriminate 구별·식별하다, 차별 (대우)하다.

주님, 이 나라에 고령화 인구가 점점 증가하고 있습니다. 그들의 필요를 관장하며 돌보는 사람들을 축복해 주소서. 그들이 필요로 하는 힘을 얻기 위해 주님께 의지하는 법을 가르쳐 주십시오. 하나님 아버지, 주를 의지하는 모든 자들이 새 힘을 얻게 되니 얼마나 당신께 감사한지요. 그들이 독수리의 날개같이 솟아오를 것입니다. 그리고 그들이 달릴지라도 피곤하지 않을 것이고, 걸을지라도 지치지 않을 것입니다.

주님, 고령자들을 차별하거나 함부로 대하는 사람들을 꾸짖어 주소서. 우리 모두의 마음을 움직이셔서 연로하신 분들에게 경의와 존경, 사랑을 보여 드리게 하소서.

Help the elderly people who know You to realize that no matter how old they are, they are of great use to You and Your kingdom. The glory of the aged is the gray head. Lead the elderly to teach the young Your truth and to pray for Your body, Lord.

Thank You, Father, for my parents, grandparents and other ancestors who worked so hard to provide for the future generations. Help me always to remember their sacrifices and may all their prayers be fulfilled in this generation and the generation to come.

Notes

body 여기서는 믿음의 공동체 또는 주의 몸 되신 교회를 의미.
ancestor 선조, 조상, 선구자.

주를 아는 고령자들이 나이가 어떻든지 그들이 주님과 주의 나라에 꼭 필요한 사람들임을 깨닫게 도와주소서. 백발은 노인의 영광입니다. 주님, 노인들로 하여금 젊은이들에게 당신의 진리를 가르치며 주의 교회를 위해 기도하도록 인도하소서.

하나님 아버지, 오는 세대를 위해 열심히 일해 주신 우리 조상들, 조부모님들, 그리고 부모님들로 인해 감사드립니다. 제가 항상 그들의 희생을 늘 기억하도록 도와주시고, 그들의 모든 기도가 이 세대뿐 아니라 오는 세대에 이루어지기를 소원합니다.

YOUNG GENERATION 젊은 세대

Turn the hearts of our young people toward You, Father, so that they might ask with king David in Old Testament, "How can a young man keep his way pure?" Ps 119:9 Your answer remains the same now as it was then, Lord, "By living according to Your Word." In our present day there are so many forces of ungodliness that seek to seduce our youth in the form of peer-group pressure, rebellion, distrust, drugs, immorality, pornography and so forth. Convict our young people of their need for Your righteousness, Lord, so that they will be able to stand in the evil day.

 Notes

peer-group pressure   (학생들) 동류, 동급생들 간에 생기는 알력, 스트레스, 압박감.
convict   -의 유죄를 입증하다, 유죄를 선언하다(of), 죄[과오]를 깨닫게 하다.

하나님 아버지, 이 땅의 젊은이들이 아버지께 마음을 향하게 하셔서 구약에서 다윗 왕이 "청년이 무엇으로 그 행실을 깨끗하게 하리이까"시 119:9라고 기도한 것같이 기도하게 하소서. "주의 말씀을 따라 삼갈 것이니이다" 함과 같이 하나님의 대답은 여전히 그때와 동일합니다. 오늘날 우리 사회에는 동료 그룹 사이에서의 압박감, 반항, 불신, 마약, 도덕적 타락, 음란물과 같은 형태의 우리 젊은이들을 유혹하는 많은 세력들이 있습니다. 주님, 악한 날에 능히 설 수 있도록 젊은이들이 당신의 의로움의 필요를 깨닫게 하소서.

2

Dear Lord, I thank You for the many young people across Korea who are setting a godly standard before their peers and doing exploits for their God. Strengthen them by Your Spirit in their inner man. Protect, encourage, bless and enable them that they may not grow weary in well doing, but may reap the fruit of faithfulness.

사랑하는 주님, 주위 동료들에게 거룩한 표본을 보이며 자기 하나님을 위해 선한 열매를 맺는 많은 젊은이들을 우리나라에 주셔서 감사합니다. 성령으로 그들의 속사람을 강하게 해주시기를 원합니다. 그들을 보호하며, 격려하고, 축복하셔서 그들이 선한 일에 지치지 않고 신실함의 열매를 맺게 하소서.

 Notes

exploit (큰) 공적, 위업, (자원 등의) 이용, 개발, 착취.
weary 피로한, 지쳐 있는; 녹초가 된(with), 싫증나는, 따분한, 진저리나는(of).

3

Reach our young people now, heavenly Father, with the truth of Your gospel. Bless youth workers with a special anointing to lead many young people into Your kingdom. I pray for a revival among the young people of Korea(the world) today, a revival that will lead them to receive Jesus Christ as their Lord and to honor their parents while they are still young. May millions of young people in our country be able to say that they have kept Your commandments from their youth onward. May the vast majority of our young people become committed Christians.

하나님 아버지, 당신의 복음의 진리로서 우리 젊은이들을 인도하소서. 많은 젊은이들을 당신의 나라로 인도하도록 청소년 사역자들을 특별한 기름 부으심으로 축복하소서. 이들이 젊을 때 예수 그리스도를 구주로 영접하고 부모를 공경하도록 인도하는 부흥이 이 시대 대한민국 젊은이들 가운데 일어나기를 기도합니다. 이 나라의 수백만 젊은이들이 어릴 때부터 당신의 계명을 지켰노라고 고백할 수 있기를 소원합니다. 수많은 우리 젊은이들이 헌신된 그리스도인이 되기를 소망합니다.

Notes

anoint (상처 따위에) 기름을 바르다(with), 머리에 기름을 붓다(종교적 의식), 성직에 임명하다.

GENERATION GAP 세대 차이

1

Throughout both testaments of Your Word, Father, You have shown us the importance of strong relationships being encouraged and developed between the young and the old. Help me to foster such strong relationships with people of all ages. Lord, make Your name to be remembered of all ages. Lord, make Your name to be remembered in all the generations of our nation so that people will learn to praise You forever and ever.

하나님 아버지, 신약과 구약 성경을 통해 젊은이와 어른 사이에 서로 격려하고 점점 돈독해지는 강한 유대 관계의 중요성을 우리에게 보여 주셨습니다. 모든 세대에 걸쳐 이러한 강력한 유대 관계를 기를 수 있도록 도와주십시오. 주님, 주의 이름이 모든 세대에 기억되게 하소서. 주님, 우리나라 모든 세대에 걸쳐 주의 이름이 기억되게 하셔서 사람들이 당신을 세세 무궁토록 찬양하는 법을 배우게 하소서.

Notes

both testaments 신, 구약 성경.
foster (양자 등으로) 기르다, 양육하다, 마음에 품다(cherish).

2

You, Lord, are the first and the last. You are calling all the generations to follow You. Restore to our land the high value Your Word places upon honor, respect and dignity. Give our young people teachable hearts to respond positively to being trained up in the way they should go and to honor the elderly, and may the older generations endeavor to understand and love the younger with patience.

주님, 당신은 처음이요 나중이십니다. 주님은 자신을 따르라고 모든 세대를 부르십니다. 영예, 존경, 위엄 위에 위치한 주의 말씀의 높은 가치를 이 땅에 회복시켜 주십시오. 우리 젊은이들에게 마땅한 법도를 따르며 어른을 공경하도록 훈련되는 일에 긍정적으로 반응할 수 있는 마음을 허락하여 주소서. 그리고 기성 세대는 젊은이들을 인내심을 가지고 이해하며 사랑하도록 노력하기를 원합니다.

Notes

dignity 존엄, 위엄, 고상함.
endeavor (-하려고) 노력하다, 시도하다.

Draw the young people in our land to remember You and to love You, their Creator, in the days of their youth even when things are going well for them. Give them no rest until they say yes to You. Lord Jesus, You are our peace. You are able to make both generations one in their desire and zeal to follow You.

Break down the walls of partition and hostility between the generations and reconcile both unto Yourself in one body by the cross. I thank You that You have already slain the enmity between the generations by Your death on the cross.

Notes

hostility 적의, 적개심(toward), 적대 행위.
slay 죽이다, 살해하다.
enmity 증오, 적의, 불화, 반목.

이 나라의 젊은이들이 모든 것이 형통한 젊은 날에도 그들의 창조자이신 당신을 기억하며 사랑하도록 인도하소서. 그들이 주님께 순종하기까지는 안정을 취하지 못하게 하소서. 주님은 우리의 평화이십니다. 주님은 당신을 따르고자 하는 소원과 갈망을 가진 모든 세대를 하나 되게 하실 수 있습니다.

　세대 간에 있는 분단의 벽과 적대감을 무너뜨려 주시기를 원합니다. 그리고 십자가로 이들이 주 안에서 하나 되어 화합할 수 있도록 하소서. 주께서 십자가에서 죽으심으로 이미 세대 간의 적대감을 없애셨음에 감사드립니다.

GENDER GAP 성적 차이

1

Lord, there is prejudice, discrimination and animosity among various groups within our country. Sometimes strong feelings of enmity even divide men from women. I know this is not Your will for our people, for You have abolished enmity through Your death on the cross. Heavenly Father, break down the middle wall of partition that divides the genders and reconcile both groups unto You in one body through Your cross.

주님, 이 나라에는 여러 집단들 사이에 편견과 차별, 적대감이 존재합니다. 때때로 강한 적대감이 남녀를 갈라놓습니다. 주께서는 십자가에서 죽으심으로 원수된 것을 없이하셨기 때문에 이것이 주의 뜻이 아님을 압니다. 하나님 아버지, 남녀 사이의 막힌 담을 무너뜨리시어 주님의 십자가로 이들이 주 앞에 하나로 화합되게 하소서.

Notes

prejudice 편견, 선입관, 편애, 침해.
animosity 악의, 원한, 증오, 적의(against; toward; between).
abolish (관례, 제도 등을) 폐지[철폐]하다, 완전히 파괴하다.
enmity 증오, 적의, 반목.

2

Come against all strongholds of darkness in those who walk in the vanity of their minds, having their understanding darkened, being alienated from Your life through their ignorance and the blindness of their hearts. Teach men and women to be tender-hearted to one another and forgiving in their attitudes toward each other. Help men and women to see that they are not in competition with one another, but they can work together for the common good.

깨닫지 못하는 사람들의 어둠의 견고한 성을 타파하여 주소서. 그들은 마음의 눈이 멀고 무지해져서 당신의 생명으로부터 멀어지고 허망한 생각에 거하고 있습니다. 남녀가 서로에게 부드러운 마음을 가지고 서로 용서하는 자세를 가지도록 가르치소서. 그들이 서로를 경쟁하는 상대로 보지 않고, 공동의 선을 위해 서로 협력할 수 있게 도와주십시오.

Notes

stronghold   요새, 성채; (어떤 사상 등의) 중심점, 본거지.
vanity   덧없음, 허무, 공허, 헛됨, 무익.
be alienated from   -와 사이가 나쁘다, 멀어지다, 격리되다.

MARRIAGES AND DIVORCE 결혼과 이혼

Strengthen the marriages of our land, Lord, during this time when the furies of hell have been unleashed against married couples and families. Reveal to husbands and wives the sacredness and importance of marriage. Restore the values of faithfulness, caring and commitment to marriages today.

주님, 결혼한 부부나 가정에 맹렬한 분노가 폭발하는 이 시대에 결혼한 가정을 견고하게 해주소서. 남편과 아내들에게 결혼이 얼마나 성스럽고 중요한지 나타내 주십시오. 오늘 이 시대에 결혼에 대한 신실함, 서로 돌봄과 언약의 가치를 회복시켜 주소서.

 Notes

fury 격노, 격분, 격심함, 맹렬함.
unleash -을 해방하다, 속박을 풀다, (분노 따위를) -에게 폭발하다.
sacred 신성한(holy), 종교적인, 신성불가침의.

2

So many couples are being divorced and so many children are being affected. God, I know You hate divorce because You are the Husband of Your church and You are zealous to guard the commitment You have to Your people. Give the husbands of our land this same protective zeal and commitment.

너무나 많은 부부들이 이혼하여 수많은 아이들에게 나쁜 영향을 미치고 있습니다. 하나님, 당신이 이혼을 싫어하시는 것을 압니다. 주님은 교회의 남편이며 또한 주의 백성들과의 언약을 열심을 다해 지키시기 때문입니다. 우리나라의 남편들에게 이와 동일한 보호하는 열정과 언약을 주소서.

zealous 열심인, 열성적인.
commitment 공약, 약속, 의무, 범행, 헌신.

3

Rekindle dying embers of love in the hearts of marriage partners who are disenchanted and discouraged. Father, send Your Word and heal them. Lead wives to remember that they can help their husbands through prayer and righteous living. Help husbands to comprehend that they have the same responsibility toward their wives and to remember that a prudent wife is from You. Teach married couple how to forbear with one another in Your love, to be tender-hearted and forgiving to each other at all times.

혼미하고 낙심된 부부들의 마음속에 남아 있는 사랑의 불씨에 다시 불이 타오르게 하소서. 하나님 아버지, 당신의 말씀을 보내셔서 치유하소서. 아내들이 기도와 의로운 삶으로 남편들을 도울 수 있음을 기억하게 하소서. 그리고 남편들은 아내에 대해 같은 책임을 갖고 있음을 깨닫고, 정숙한 아내는 주님으로부터 온다는 것을 기억하게 도와주십시오. 결혼한 부부들이 주 안에서 어떻게 서로의 짐을 나누어 지며, 어떻게 부드러운 마음으로 항상 서로를 용서할 수 있는지 가르쳐 주십시오.

Notes

rekindle -에 다시 불붙이다, 다시 불타다, 다시 기운을 돋우다[기운이 나다].
ember 타다 남은 것, 깜부기불, 잔재.
disenchant -을 미몽(迷夢)에서 깨어나게 하다, -의 마법을 풀다.
prudent 신중한, 세심한(caution), 분별 있는, 공손한.

HOMOSEXUALITY 동성연애

1

A spirit of homosexuality grips the hearts of many men, women and young people in the age in which we live. Set them free, Father. Help them to flee youthful lusts, to turn away from ungodliness, to see that fornication is sin, to recognize the beauty of holiness and to realize that Jesus is the way, the truth and the life.

동성연애의 정신이 우리가 살고 있는 이 시대 많은 젊은 남녀들의 마음을 사로잡고 있습니다. 하나님, 그들을 해방시켜 주십시오. 그들이 청년의 욕정에서 벗어나며, 경건하지 못한 것에서 돌아서게 하소서. 또한 간음이 죄라는 것을 알게 하시고, 거룩함의 아름다움을 깨닫고 예수님이 길이요, 진리이며 생명인 것을 알도록 도와주십시오.

 Notes

homosexuality   동성애, 동성 성욕.
grip   꽉 쥐다, 꼭 잡다(grasp, clutch), -의 마음을 사로잡다.
lust   (강한) 욕망, 갈망(of; after; for), 관능적인 욕구.
fornication   간통. [cf.] adultery, (성경) 간음; 우상 숭배.

2

Equip Your Church, heavenly Father, with the compassion and strength and wisdom we need to minister to those who struggle with homosexuality. Help us to hold onto the truth that we can love the sinner, as You do, even though we hate the sin, as You do. Help Your Church to restore hope to homosexuals by showing them that Your way is perfect and Your Word is tried. Your Word, O Father, is a mighty buckler to all who put their trust in You.

하나님 아버지, 동성연애로 괴로워하는 사람들을 섬기는 데 필요한 사랑과 능력, 지혜로 당신의 교회를 준비시켜 주소서. 주께서 죄를 미워하듯이 우리가 죄를 미워할지라도, 주께서 죄인들을 사랑하듯이 우리도 죄인들을 사랑할 수 있다는 진리를 붙들게 하소서. 주의 길은 완전하고 주의 말씀은 확실하다는 것을 보여 줌으로써 당신의 교회가 동성연애자들에게 소망을 회복시키도록 도와주십시오. 하나님, 주의 말씀은 믿는 모든 자에게 능력의 방패입니다.

Notes

minister 섬기다, 봉사하다(to), 공헌[이바지]하다(to).
hold on to -을 붙잡고 있다, 의지하다, -에 매달리다.
tried 믿을 만한, 확실한, 고난[시련]을 견뎌낸.
buckler 조그마한 원형의 방패, 닻줄 구멍의 뚜껑.

3.

Through faith in Your name, Lord Jesus, the homosexual, like all of us, is made strong. Pour forth Your Spirit on those who have traded their gender identities for a lie, give them the faith to lay hold of Your promises, for I know this will lead them to the perfect soundness, health and happiness that comes through faith in Your name.

주 예수님, 우리가 당신의 이름을 믿음으로 강건해지는 것처럼 동성애자들도 당신의 이름을 믿기만 하면 강건해질 수 있습니다. 잘못된 생각으로 성을 전환한 사람들에게 성령을 부어 주시고, 당신의 약속을 붙잡을 수 있는 믿음을 주소서. 이렇게 함으로써 주의 이름을 믿음으로 얻게 되는 온전함, 건강과 행복으로 인도될 수 있다는 것을 압니다.

 Notes

traded one's gender identities   -의 성을 전환하다.
lay hold of [on]   -을 (붙)잡다[쥐다], 붙들다.
sound   건전한, 정상적인, 충분한, 논리적으로 옳은.

SEXUAL IMMORALITY 성적 타락

1

Lord, sexual immorality is rampant in our land. Remove the darkness from people's hearts. Help them to see that You are able to fill the needs of their hearts so that they will not seek to fill these needs with sexual immorality or any other sin.

주님, 성적 문란이 이 땅에 만연하고 있습니다. 사람들의 마음으로부터 어두움을 없애 주십시오. 주께서 그들의 마음이 필요로 하는 것을 채울 수 있다는 것을 그들이 깨닫게 하여 주소서. 그리하여 이러한 욕구를 성적 타락이나 다른 죄악으로 채우지 않게 도와주십시오.

Notes

rampant 과격한, 광포한, 만연하는, 대유행의.

2

Help our young people to flee youthful lusts instead of running after them. Restore the values of purity and chastity to this generation. Convict those who are involved in sexual immorality of the truth that fornication is a sin. He who commits fornication sins against his own body. Let the plague of AIDS and other sexually transmitted diseases reveal this truth to our people today.

우리 젊은이들이 청년의 정욕을 따르지 않고 피할 수 있도록 도와주십시오. 이 세대에 순전함과 정결함의 가치를 회복시켜 주소서. 성적 문란에 빠져 있는 사람들에게 간음은 죄라는 사실을 깨닫게 해주십시오. 간음을 행하는 자는 자신의 육체를 범하는 것입니다. 에이즈나 다른 성병들의 전염이 오늘 우리에게 이 진리를 알게 하여 주십시오.

Notes

chastity 정숙; 순결, 고상.
convict -의 유죄를 입증하다, 유죄를 선언하다(of).
fornication 간통. [cf.] adultery, (성서)간음, 우상 숭배.
AIDS(Acquired Immune Deficiency Syndrome) [의학] 후천성 면역 결핍증.

3

Deliver our nation from evil in the form of sexual immorality, Lord. Restore traditional, Christian values to our country. May we once again see family values taking high priority, a realization that sex is a gift from You, Father, a gift that is to be enjoyed within the confines of a marriage of mutual honor, love, trust and commitment.

주님, 이 나라를 성적 타락이라는 죄에서 구속하여 주십시오. 이 나라에 전통적인 기독교 가치관을 회복시켜 주소서. 하나님 아버지, 우리가 다시 한번 가족의 소중함을 최우선으로 하는 모습을 보기 원합니다. 성은 하나님의 선물, 즉 상호존중과 사랑, 신뢰, 그리고 서약이라는 결혼의 범주 내에서 즐기는 선물이라는 것을 깨닫게 하소서.

Notes

confine   경계, 국경, 한계, 범위.

PORNOGRAPHY 음란물

O Holy One of Israel, God of goodness, purity and light, I beseech You to restore purity and holiness to our land. Gradually, our culture is becoming desensitized to the point that even Your people, the very elect, are being deceived by the lures of pornography and the lust of the eyes. In Your name, Lord, I implore You to remove the blindness of our people who are falling prey to the pride of life, the lust of the flesh and the lust of the eyes.

이스라엘의 거룩한 자이시며, 순결함과 빛 되신 좋으신 하나님, 이 땅에 순결과 거룩함을 회복하여 주시기를 간구합니다. 선택된 주의 백성마저도 음란 서적의 유혹과 안목의 정욕에 의해 현혹되는 시점까지 점차적으로 우리 문화가 둔감해지고 있습니다. 주님, 이생의 자랑, 육신의 정욕과 안목의 정욕의 노예가 되는 우리 민족의 무지를 제하여 주시기를 간구합니다.

 Notes

beseech 간절히 원하다, 탄원하다(for), 구하다.
desensitize -에 대해 감수성이 줄다, 둔감해지다.
lure 유혹물, 매혹, 가짜 미끼.
prey 먹이, 희생, (먹이로서의) 밥, 약탈품.

2

Through television, motion pictures and magazines—and through lascivious performance on stage—the minds of many are being darkened. Restore to our nation a sense of decency, honor, shame and purity that has been lost to us in recent years.

TV, 영상물과 잡지, 선정적인 무대 연출 등으로 사람들의 마음이 점점 어두워지고 있습니다. 우리나라가 최근 수년 동안 상실한 품위, 영예, 수치심과 순결을 회복시켜 주시기를 원합니다.

Notes

lascivious 음탕한, 호색의, 외설적인, 유혹적인.

3

Bring revival to our land. Revival so great that the money spent on pornography dries up and the porno business can't keep operating. Convict the consciences of pornographers who seem not to care about how they are destroying the values of our country, disrupting families, leading many into sins of passion, sexual immorality and violence. Turn them from darkness to light, and from the power and authority of Satan unto God, so that they will be saved. Where sin abounds, Your grace much more abounds. All things are possible with You, O God.

이 나라에 부흥 운동을 일으키소서. 폭발적인 부흥 운동이 일어나서 음란 서적이 더 이상 소비되지 않고 이러한 사업이 더 이상 운영되지 못하게 하소서. 음란물 판매업자들이 얼마나 이 나라의 가치를 파괴하고, 가정을 붕괴시키며, 많은 사람을 정욕, 성적 타락과 폭력의 죄로 인도하는지 개의치 않는 그들의 양심을 깨닫게 하소서. 그들을 어두움에서 빛으로, 사탄의 권세에서 하나님께로 인도하시어 구원받게 하소서. 죄가 많은 곳에 당신의 은혜가 더욱 넘칩니다. 오 하나님, 주께는 모든 것이 가능합니다.

Notes

convict -의 유죄를 입증하다, 유죄를 선언하다(of), -에게 죄를 깨닫게 하다.
disrupt -을 혼란에 빠뜨리다, 부서지다, 잡아 찢다.
abound 많이 있다(in; on), 풍부하다, 충만하다(in; with).

DRUG ABUSE 약물 남용

Lord God, I come before Your presence and I pray for all those who are deceived by the wickedness of substance abuse in the form of narcotics, alcohol, drugs and tobacco. As the fire devours the stubble and the flame consumes the chaff, those who practice drug abuse will find their roots becoming rotten and their blossoms disintegrating because they have cast away Your law, O Lord, and they have despised Your Word.

주 하나님, 마약, 알코올, 약물, 담배 등의 물질을 남용하는 악행에 속임 당하는 모든 사람들을 위해 주 앞에 나아와 기도합니다. 불이 그루터기를 삼키며 불꽃이 겨를 태워 버리듯이 마약 중독자의 뿌리가 썩고 그들의 꽃은 시들 것입니다. 왜냐하면 그들은 주의 법을 버리고 주의 말씀을 무시했기 때문입니다.

 Notes

narcotic 마취성의, 마약의; 마약 중독(치료)의.
stubble 그루터기, 짧게 깎은 머리[수염].
blossom 꽃(특히 과수의), 개화, 만발.
disintegrate 분해시키다, 허물다, 붕괴하다(into).

2

Warn those who practice all the evil associated with drug addiction—the suppliers, sellers, pimps, prostitutes, users—and all others involved, that You are prepared to punish the evildoers. Draw them unto Yourself so that You can wash them clean through the blood of Jesus Christ. Lead them to clear from their evil works, to learn to do well. Let them overcome the enemy through the blood of the Lamb and the word of their testimony.

약물 중독과 관련된 모든 악행을 하는 공급자, 판매자, 뚜쟁이, 창녀, 그리고 모든 관련자들에게 하나님이 악인들을 징벌하실 것을 경고하여 주소서. 그리고 그들이 예수 그리스도의 보혈의 피로 깨끗해질 수 있도록 주께서 인도하여 주소서. 그들이 악한 행위에서 손을 씻고, 선한 행위를 배울 수 있도록 인도하소서. 그들이 어린양의 피와 신앙 고백으로 원수를 이기게 하소서.

Notes

associated 연합[관련]된, 조합의, 연상의.
drug addiction 마약 상습, 마약 중독.
pimp 포주, 뚜쟁이, 악당.
prostitute 매춘부, 매음, 타락 작가[화가 등].

3.

Bless all those who work with drug abusers — counselors, nurses, doctors, social workers, clergy, family members — lead them to put You first and to pray for those under their care. Give them words of wisdom that will set the captives free.

Lord, be very close to all those who have renounced their addictions. Enable them to stand fast in the liberty wherewith You have set them free so that they will never again become entangled with a yoke of bondage.

약물 남용자들을 돌보는 모든 사람들, 즉 상담가, 간호사, 의사, 사회복지사, 성직자, 가족들이 그들에게 주님을 최우선으로 삼도록 인도하며 그들을 위해 기도하도록 축복해 주소서. 그들에게 포로 된 자들을 자유롭게 할 수 있는 지혜의 말씀을 주십시오.

주님, 중독증을 이겨낸 모든 사람들을 가까이 만나 주시기를 원합니다. 그들이 다시는 포로의 멍에에 매이지 않도록 당신이 그들을 해방시킨 그 자유 안에 굳건히 설 수 있게 하여 주십시오.

Notes

renounce (권리 등을 정식으로) 포기하다(surrender), 단념하다, 부인하다.
wherewith (무엇을) 가지고, 무엇으로, 그것을 가지고, 그것으로
entangle 엉키게 하다, 얽히게 하다(with), (함정에) 빠뜨리다.
yoke 멍에, 속박, 지배, 멍에.

VIOLENCE 폭력

Fill our nation with Your loving presence, Your loving kindness is better than life. Because You have been my help, therefore in the shadow of Your wings I will rejoice. My soul follows hard after You, and Your right hand holds me up. The leaders of our nation will rejoice in You. Everyone who commits their way to You shall glory in You, but the mouth of them who speak lies and do violence shall be stopped. Thank You, Jesus.

이 나라에 당신의 사랑 충만한 임재로 채우소서. 당신의 인자하심이 생명보다 존귀합니다. 주께서 저의 도움이 되심으로 제가 주의 날개 아래서 기뻐합니다. 제 영혼이 주를 우러러 보며, 주의 오른손이 저를 붙드십니다. 이 땅의 지도자들이 당신으로 인하여 기뻐할 것입니다. 자신의 가야 할 길을 주께 맡기는 자는 누구나 주 안에서 영화로울 것입니다. 하지만 거짓을 말하는 입술과 폭력을 행하는 자는 패망할 것입니다. 예수님께 감사를 드립니다.

 Notes

rejoice 기뻐하다, 즐거워하다, 누리다.
hold up 떠받치다, 들어올리다, 방해하다.

2

I have seen violence and strife in many cities around the world. People are afraid to walk the streets at night and even during the day because of robbery, rapes, rioting, drunkenness, gang violence and many other forms of wickedness. Lord I ask You to hasten the day when violence will no more be heard in our land, when people will no longer fear the night because You are our everlasting light and our glory. Evening, and morning, and at noon, will I pray, and cry aloud, and I know You will hear my voice.

세계의 여러 도시에서 폭력과 싸움을 보아 왔습니다. 사람들은 강도, 강간, 폭동, 술 취함, 갱의 폭력과 여러 형태의 악한 행위들 때문에 밤뿐 아니라 낮에도 길거리를 걷기 두려워합니다. 주님, 이 땅에서 더 이상 폭력의 소식이 들리지 않는 날이 속히 오기를 간구합니다. 우리의 영원한 빛이신 주님으로 인해 사람들이 밤에도 두려워하지 않기를 원합니다. 저녁, 아침, 정오에 주님께 기도하며 부르짖을 때 주께서 제 목소리를 듣고 계심을 확신합니다.

Notes

strife　투쟁, 다툼, 분쟁.
riot　폭동, 소동, 분출, 격발.
wicked　악한, 사악한, 불의(不義)의; 악의 있는.
hasten　서두르다, 재촉하다, 촉진하다.

LAWLESSNESS AND CRIME 불법과 범죄

1

Lord, God, so many are walking according to the course of this world, according to the prince of the power of the air who leads people into all forms of disobedience. Show the exceeding riches of Your grace to the lawless and disobedient in our society so that the waves of crime and violence will be permanently eradicated.

주 하나님, 너무나 많은 사람들이 세상의 풍조를 따라 살고 있습니다. 사람들을 온갖 불순종으로 인도하는 공중 권세 잡은 자이며, 세상 임금인 사탄을 따라 행하고 있습니다. 우리 사회의 불법을 행하고 불순종하는 자들에게 주의 은혜의 풍성함을 나타내시어 범죄와 폭력의 풍조가 영원히 뿌리째 뽑히기를 원합니다.

 Notes

the waves of crime and violence 범죄와 폭력의 풍조, 흐름, 파고.
eradicate 뿌리째 뽑다(root up), 근절하다(root out), 박멸하다.

2

Lord, I know all too well how You brought me into life and obedience when I was dead in my sins, and I now ask You to convince the criminals, members of crime syndicates, gangs, thieves, murderers, extortionists, liars, fornicators and all who are engaged in lawlessness to recognize their sins and to repent of their evil acts. I thank You, Father, that it is Your goodness that leads us to repentance.

주님, 제가 죄로 인해 영적으로 죽어 있을 때 주께서 어떻게 저를 생명과 순종으로 인도하셨는지 너무나 잘 알고 있습니다. 그러므로 주께서 범죄자, 조직 폭력단, 갱단, 절도범, 살인자, 강탈자, 거짓말쟁이, 간음자들과 불법 행위를 한 모든 자들을 깨닫게 하시기를 원합니다. 그리하여 그들의 죄악을 인식하고 자신의 악한 행위를 회개할 수 있기를 기도합니다.

 Notes

convince -에게 납득시키다, 깨닫게 하다, 확신시키다.
crime syndicates 조직 폭력 연합.
extortionist 강탈자, 착취자.
fornicator 간통자, 간음자.

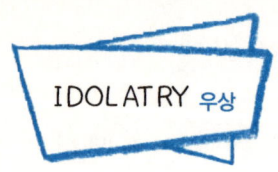

1

Lord, You are the one, true God, and I thank You that You will not permit Your people to have any other gods before You. Reveal to this idolatrous generation that we must flee from idolatry by seeking You and Your righteousness first of all.

주는 유일한 참 하나님입니다. 당신의 백성들이 주 앞에 다른 신들을 두지 않게 하심을 감사드립니다. 우상 숭배가 만연하는 이 시대에 하나님과 주의 정의를 가장 먼저 추구함으로써 우리가 우상을 멀리해야 함을 선포해 주소서.

 Notes

permit   허락하다, -을 가능케 하다, 용납하다.
reveal   (숨겨졌던 것을) 드러내다, 누설하다(to), (신이) 계시하다(to).
idolatrous   우상 숭배하는[숭배적인], 심취하는.
flee   달아나다, 도망하다, 피하다(from).

Lord God, constrain our people from forsaking You to serve other gods as so many are doing today. Many do not hearken unto the leaders and ministers You have provided and they leave the safety of Your love to go after other gods. Lord God, have mercy upon our nation. Yes, Lord, have mercy upon us.

주 하나님, 우리 민족이 오늘날 세상의 추세를 따라 주를 외면하고 다른 잡신을 섬기지 않도록 통제하여 주십시오. 많은 사람들이 주께서 세우신 지도자나 목회자들의 말에 귀 기울이지 않으며, 주의 안전한 사랑 안에 거하지 않고 다른 잡신들을 따라갑니다. 주 하나님, 이 나라에 자비를 베푸소서. 그렇습니다. 주님, 우리에게 자비를 베푸소서.

 Notes

constrain 강제하다, 강요하다, 무리하게 -시키다(to).
forsake (벗 따위를) 버리고 돌보지 않다(desert), 버리다(give up),
hearken 귀를 기울이다, 경청하다(to)

O God, You demonstrate Your justice and Your mercy as You pour out fury upon the heathen who willingly turn away from You and upon the families who do not call on Your name. In Your mercy, bring them the word of the gospel to open their eyes, and turn them from darkness to light and from the power of Satan unto You. I pray for them and I cry out, "deliver these souls from darkness, Father, and may they ever turn from their wickedness." May they see the error of their ways and humble themselves, call upon the Lord and be saved. Great is Your mercy, O God.

 Notes

demonstrate 증명하다, 논증하다, 설명하다, (상품을) 실물로 선전하다.
fury 격노, 격분, 열광, 맹렬함.
heathen 이교도, 불신자.
wicked 사악한, 불의(不義)의; 악의 있는.

오 하나님, 고의적으로 주를 멀리하는 이교도들과 주의 이름을 부르지 않는 자들에게 주님이 분노를 쏟아 부으실 때 당신의 공의와 자비를 베푸소서. 주의 자비로 복음의 말씀을 주셔서 그들의 눈을 열어 주시고, 그들을 어둠에서 빛으로 그리고 사탄의 권세에서 주께로 옮겨 주소서. 그들을 위해 기도하며 간구합니다. "아버지, 이 영혼들을 어둠에서 건져 내시어 악에서 떠나게 하소서." 그들이 자신이 악한 길로 가는 것을 보고 겸손히 낮추어 주의 이름을 불러 구원받기를 원합니다. 하나님, 주의 자비는 위대하십니다.

SPIRITUAL WARFARE 영적 전쟁

1

Blessed be Your name, O Lord. You teach my hands to war and my fingers to fight. You are my goodness and my fortress, my high tower and my deliverer. You are my shield and in You do I put my trust as I engage in spiritual warfare.

오, 주의 이름을 높입니다. 주께서 저의 손으로 전쟁하게 하시며 저의 손가락으로 싸우는 법을 가르치소서. 주는 저의 인자와 요새이시며, 높은 성이시고 구원자이십니다. 주는 저의 방패이시기에 영적 전쟁 중에 당신께 의지합니다.

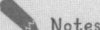 Notes

fortress 요새(지); 성채, 안전 견고한 곳.
shield 방패, 보호물[자], 방어물, 보장.
engage in (일, 사업)에 착수하다, -을 시작하다, 참가하다.

2

Blind the strong one in Korea, O God, and tear down his strongholds in people's minds and attitudes. Even as You have delivered me from the power of darkness and have translated me into the kingdom of Your dear Son, I ask You to deliver the people of our nation.

In Jesus—and only in Jesus—do we have redemption through His blood, even the forgiveness of sins. May all those who are alienated from You by their wicked works reconciled through Jesus, our precious Savior.

하나님, 대한민국에서 강한 사탄을 결박하시고, 사람들의 마음과 자세 가운데 자리 잡고 있는 그의 요새를 붕괴시켜 주십시오. 주께서 저를 어두움의 권세에서 구속하셔서 당신의 독생자 예수 그리스도의 나라로 옮기신 것처럼, 이 나라 백성들을 구원하여 주시기를 간구합니다.

예수, 오직 예수 안에서만 그분의 피로 말미암아 우리가 구속, 곧 용서를 받습니다. 사악한 행위로 인해 주님으로부터 멀어진 모든 사람들이 우리 구주 예수를 통해 화평하게 되기를 원합니다.

Notes

stronghold   요새, 성채, (어떤 사상 등의) 중심점, 본거지.
alienate   멀리하다, 소원(疏遠)케 하다(from), 따돌리다(from).
reconcile   화해시키다, 조화시키다, 일치시키다(to; with).

3

Your Word declares that we overcome Satan by the blood of the Lamb and by the word of our testimony, and that we have authority through the name of Jesus. Guide us as we resist him, steadfast in the faith, knowing that You, Father, are greater than he is. All power in heaven and in earth has been given unto Jesus, O God, and because He lives withing me, I can avail myself of Your exceeding power to defeat the enemy. Greater are You who dwells within us than he who is in the world.

주의 말씀은 우리가 어린양의 피와 믿음의 고백으로 사탄을 이기며, 우리가 예수님의 이름을 통한 권세를 가지고 있음을 선포합니다. 하나님이 사탄보다 크시다는 것을 알므로 우리가 사탄을 대적하고 믿음에 굳건히 서도록 도와주십시오. 하나님, 당신은 하늘과 땅의 모든 권세를 예수님께 주셨습니다. 그리고 예수님이 제 안에 계시므로 제가 원수를 물리칠 수 있는 당신의 놀라운 능력을 사용할 수 있습니다. 세상에 있는 자보다 우리 안에 계신 당신께서 더 크십니다.

Notes

steadfast 확고부동한, 고정된, (신념 등) 불변의.
avail 소용에 닿다, 쓸모가 있다, 가치가 있다.
exceed (수량, 한도를) 넘다, 초과하다, -을 능가하다.
dwell 거주하다(live), 머무르다, 체재하다.

WISDOM 지혜

1

Help all of us to see the important connection You have made between spiritual understanding and wisdom. Give our leaders understanding hearts to judge the people of our nation. Through wisdom leaders are able to lead, decree justice. Impart wisdom to our leaders, Almighty God, so that they will be able to rule more effectively and to judge righteously.

우리 모두가 주께서 말씀하신 영적인 이해와 지혜 사이의 중요한 관계를 깨닫게 하소서. 이 땅의 지도자들에게 국민들을 바르게 통치할 수 있도록 이해하는 마음을 주소서. 지혜를 통하여 지도자들은 사람들을 인도할 수 있고 정의를 선포할 수 있습니다. 전능하신 하나님, 우리의 지도자들에게 지혜를 주셔서 보다 효율적으로 다스리며 공의로 판결할 수 있도록 하소서.

Notes

decree 포고하다; 판결하다, 법령을 공포하다.
impart 나누어 주다(to), 전하다(communicate), 알리다(to).

2

Enable our people to discern between good and bad, right and wrong. Help us to value wisdom in Korea once more, Lord. May our nation never forsake wisdom because wisdom will preserve us. If our people will learn to love wisdom, You will keep us strong. Wisdom will bring honor to our land. Help our people to embrace wisdom once again. All who find wisdom, Lord, find the abundant life that You have promised to Your people and they obtain favor from You.

사람들이 선과 악, 옳고 그름을 분별하게 하소서. 주님, 이 나라에서 우리가 다시 한번 지혜를 더욱 소중하게 여길 수 있기를 원합니다. 이 민족이 지혜를 간과하지 않게 하셔서 지혜가 우리를 보호하게 하소서. 우리 백성이 지혜를 사랑하는 것을 배운다면, 주께서 우리를 강하게 하실 것입니다. 지혜가 이 땅에 명예를 가져다줄 것입니다. 이 백성이 다시 한번 지혜를 포용하게 도와주소서. 주님, 지혜를 찾는 자는 누구나 주께서 주의 백성에게 약속한 풍요로운 삶을 발견하며 당신으로부터 은혜를 입습니다.

Notes

discern 분별하다, 식별하다, 인식하다, -을 깨닫다.
forsake 버리고 돌보지 않다(desert), 내버리다(give up), 포기하다(abandon).
embrace 얼싸안다, 껴안다(hug), 포용하다, 포함하다.
favor 호의, 친절(good will), 은혜, 편애(partiality).

Help our leaders and people to see the relationship between justice and wisdom for it is the mouth of the just that brings forth Your wisdom, Lord. How I thank You, Lord Jesus, that Your wisdom is greater than that of Solomon, and that You have promised to impart wisdom to all those who ask You for it.

I ask You for Your wisdom to be poured forth upon our land by Your Spirit. Send Your wisdom to help our leaders and citizens solve the problems our nation faces. In so doing, Father, may all our people receive Christ Jesus, who has been made unto us wisdom. Amen.

bring forth 낳다, 생기다, (싹이) 돋다, (열매를) 맺다.
face -에 직면하다, -에(게) 용감하게 맞서다, -에 대항하다(confront).

주님, 정의를 말하는 입술이 당신의 지혜를 표출할 수 있기에 지도자들과 국민들이 정의와 지혜의 관계를 알게 도와주소서. 주 예수님, 당신의 지혜는 솔로몬의 지혜보다 커서 얼마나 감사한지요. 이를 구하는 자에게 지혜를 주시겠다고 약속하신 것도 얼마나 감사한지요.

  주님의 지혜를 주의 성령으로 이 땅에 부어 주시기를 기도합니다. 이 나라가 당면하는 문제들을 풀어갈 수 있도록 우리 지도자들과 국민들에게 지혜를 주소서. 하나님 아버지, 이로 말미암아 우리에게 지혜가 되시는 예수 그리스도를 사람들이 영접하기를 원합니다.

TRUTH, HONESTY AND INTEGRITY

진실, 정직, 신실

1

Lord, bring back the value of truth, honesty and integrity to the people of our land. You are the way, the truth, the life; and no one can come to the Father except through You. You said that we would know the truth and the truth would make us free.

Let integrity and uprightness preserve our nation, Lord. Redeem the nation of Korea, O God, out of all our troubles and forgive us of our iniquities.

주님, 이 땅의 백성들에게 진실, 정직, 신실함의 가치를 회복시켜 주소서. 주는 길이요, 진리요, 생명이십니다. 주로 말미암지 않고는 아무도 아버지께로 올 자가 없습니다. 우리가 진리를 알면 진리가 우리를 자유롭게 할 것이라고 주께서 말씀하셨습니다.

주님, 신실과 청렴이 이 나라를 보호하게 하소서. 하나님, 모든 문제로부터 대한민국을 구속하여 주시고 우리의 죄를 용서하여 주소서.

Notes

integrity 성실, 정직(honesty), 고결(uprightness), 청렴.
upright 직립한, 똑바로[곧추] 선, 청렴(강직)한, 정직한.
iniquity 부정, 불법, 죄악.

2

Judge us, O Lord, according to our integrity. Lead the people of our nation to trust in You so that we will never slide from the special position You have prepared for us. As for me, with Your help, I will walk in my integrity. Redeem me and be merciful unto me and the country that I love.

As we learn to pray for our leaders faithfully, Lord, You promise that we will be able to lead a quiet and peaceable life in all godliness and honesty. Help us to be faithful in this commission, Father, and I ask You to raise up many intercessors in our land. Give us the peace, honesty and godliness that You have promised to a people who put You first.

Notes

slide   미끄러지다, 미끄러져 움직이다(up and down).
godliness   경건, 신심(信心), 청렴한 인격, 신앙심이 두터운 성격.
commission   임무, 위임, 명령, 지령.
intercessor   중재자, 조정자, 알선자.

주님, 우리가 얼마나 신실한지에 따라 우리를 판단하소서. 당신을 신뢰하여 주께서 우리에게 특별히 허락하신 자리로부터 이 민족이 벗어나지 않도록 하소서. 주의 도우심으로 정직하게 행하겠습니다. 저를 구속하여 주시고, 저와 제가 사랑하는 이 나라를 긍휼히 여기소서.

주님, 우리 지도자들을 위해 기도하기를 원합니다. 우리가 모든 경건함과 정직함으로 고요히 평안한 삶을 살게 인도하여 주소서. 하나님 아버지, 우리가 이 사명에 충실하게 도와주시고, 이 나라에 많은 중보기도자들을 일으켜 주시기를 기도합니다. 주님을 우선 순위로 두는 자들에게 주께서 약속하신 평화, 정직, 그리고 경건함을 주소서.

3

As we allow You to live in our hearts, Your truth, honesty and integrity will flow forth in our lives. Unto You, O God, do I lift up my soul. O my God, I trust in You; let me not be ashamed, let not my enemies triumph over me. I praise You for the truth that none who wait on You shall be ashamed. Let those who deliberately transgress Your law be ashamed.

Show me Your ways, O Lord; teach me Your paths. Lead me in Your truth and teach me, for You are the God of my salvation; on You do I wait all the day. Be exalted, O God, above the heavens and let Your glory shine over all the earth.

Notes

lift up   정신적으로 고양[앙양]시키다.
ashamed   부끄러이 여겨, 수줍어하여(of), 유감스럽게 여겨(of).
deliberately   신중히, 유유히, 일부러.
transgress   (법률 등을) 어기다, 범하다, (한계 따위를) 넘다.

주께서 우리의 마음 가운데 거하시기를 원합니다. 당신의 진리, 정직함, 신실함이 우리 가운데 넘쳐흐르게 하소서. 오 하나님, 당신께 저의 영혼을 올려 드립니다. 제가 주를 의지합니다. 제가 부끄러움을 당하지 않게 하시고, 사탄이 저를 이기지 못하게 하소서. 주를 우러러 보는 자가 부끄러움을 당하지 않으리라는 진리로 인해 당신을 찬양합니다. 고의로 당신의 법을 훼방하는 자가 부끄러움을 당하게 하소서.

 주님, 당신의 길을 저에게 보여 주시어 그 길을 가르치소서. 저를 당신의 진리로 인도하시고 가르쳐 주소서. 당신은 저의 구원의 하나님이시기 때문입니다. 제가 하루 종일 주를 기다립니다. 오 하나님, 주는 하늘 위에 높이 들리시고 주의 영혼이 온 천하에 비추기를 원합니다.

PRAYER FOR
4. CHRISTIAN LIFE & SERVICES

그리스도인의 삶과 사역을 위한 기도

"……may have power, together with all the saints, to grasp how wide and long and high and deep is the love of Christ, and to know this love that surpasses knowledge—that you may be filled to the measure of all the fullness of God. Now to him who is able to do immeasurably more than all we ask or imagine, according to his power that is at work within us, to him be glory in the church and in Christ Jesus throughout all generations, forever and ever! Amen." _ Ephesians 3:18-21

"능히 모든 성도와 함께 지식에 넘치는 그리스도의 사랑을 알아 그 넓이와 길이와 높이와 깊이가 어떠함을 깨달아 하나님의 모든 충만하신 것으로 너희에게 충만하게 하시기를 구하노라 우리 가운데서 역사하시는 능력대로 우리의 온갖 구하는 것이나 생각하는 것에 더 넘치도록 능히 하실 이에게 교회 안에서와 그리스도 예수 안에서 영광이 대대로 영원 무궁하기를 원하노라 아멘." _ 에베소서 3:18-21

Grant me, O merciful Jesus, Your grace, that it may be with me, and labour with me, and abide with me even to the end. Give me grace ever to desire and to will what is most acceptable to You and most pleasing in Your sight. Let Your will be mine, and let my will ever follow Yours, and fully accord with it. Let there be between You and me but one will, so that I may love what You love, and abhor what You hate; and let me not be able to will any thing which You do not will, nor to dislike anything which You do will.

_ Thomas à Kempis

자비로우신 예수님, 저에게 주의 은혜를 주소서. 주의 은혜가 저와 함께하며, 함께 일하고, 세상 끝 날까지 제 안에 거하도록 허락하소서. 주께서 가장 받으실 만하며 주 앞에 가장 기쁨이 되는 것을 소망하며 행할 수 있는 은혜를 저에게 주소서. 주의 뜻이 저의 뜻이 되게 하시고, 저의 뜻이 항상 주의 뜻을 따르게 하시며 일치하게 하소서. 주님과 저 사이에 하나의 뜻이 있게 하시어 주께서 사랑하는 것을 제가 사랑하게 하시고, 주가 미워하는 것을 저도 미워하게 하소서. 또한 주께서 원하지 않는 어떤 것도 제가 고집하지 않게 하시고, 주께서 원하시는 것을 제가 미워하지 않게 하소서.

_토머스 아 켐피스

THE BODY OF CHRIST 그리스도의 몸인 교회

We pray that the Body of Christ will be invigorated and strengthened with all power, according to the might of Your glory, to exercise every kind of endurance and patience with joy, giving thanks to You, Father, who has qualified and made them fit to share the portion which is the inheritance of the saints in the Light. You, Father, have delivered and drawn them to Yourself out of the control and the dominion of darkness and have transferred them into the Kingdom of the Son of Your love, in whom they have their redemption through His blood, which means the remission of their sins.

Notes

invigorate   원기[활기]를 돋구다, 북돋다.
endurance   인내, 감내, 인내력, 내구력.
redemption   (예수에 의한) 구속(죄 용서와 죄로부터의 구원의 의미).
remission   (죄의) 용서, 사면, 면제, 경감.

그리스도의 몸이 당신의 영광의 권세를 따라 모든 능력으로 힘을 얻어 활기 있고 강건해져서 기쁨으로 온갖 참음과 인내를 감당할 수 있기를 기도합니다. 빛의 자녀들에게 주시는 유업을 이어받기에 합당하도록 하신 하나님 아버지께 감사를 드립니다.

당신께서 그들을 방황과 흑암의 권세에서 구출하셔서 당신의 사랑하는 아들의 나라로 옮기셨습니다. 이는 아들이신 예수의 피를 통해 그들이 구속, 곧 죄를 용서받은 것입니다.

2

Father, You delight at the sight of the Body of Christ, standing shoulder to shoulder in such orderly array and the steadfastness of their faith in Christ, leaning on Him in absolute trust and confidence in His power, wisdom and goodness. They walk— regulate their lives and conduct themselves— in union with and conformity to Him, having the roots of their being firmly and deeply planted in Him, being continually built up in Him, becoming increasingly more confirmed and established in the faith.

하나님 아버지, 그리스도의 몸인 교회가 그리스도의 권세, 지혜, 선하심에 대한 전적인 신뢰와 확신을 가지고 그분을 의지하면서, 그리스도에 대한 믿음의 견실함으로 이렇게 질서 있게 서로 협력하는 모습을 바라보며 당신은 기뻐하십니다. 그들은 그들의 삶을 통제하고 바르게 행하면서 주님께 그들의 뿌리를 견고하고 깊게 내리고, 지속적으로 주 안에서 자신을 세워 나가면서, 더욱더 믿음 안에 확실하게 토대를 세우며, 하나님과 연합하여 순종하며 동행합니다.

Notes

shoulder to shoulder   어깨를 나란히 하여; 협력하여, 밀집하여.
steadfast   확고부동한, (신념 등) 불변의, 부동의.
conduct   인도하다, 지도하다, 지휘하다, 집행하다, 행동하다, 처신하다.
in conformity with [to]   -와 일치하여, -에 따라서.

 사역자를 위한 기도

Father, in the name of Jesus, we pray and confess that the Spirit of the Lord (the spirit of wisdom and understanding, the spirit of counsel, the spirit of might and understanding) shall rest upon ○○○. We pray that as Your Spirit rests upon ○○○. He will make him/her of quick understanding because You, Lord, have anointed and qualified him/her to preach the Gospel to the meek, the poor, the wealthy, the afflicted. You have sent ○○○ to bind up and heal the brokenhearted, to proclaim liberty to the physical and spiritual captives, and the opening of the prison and of the eyes to those who are bound.

 Notes

anoint 기름을 바르다(with), (종교적 의식) 성직에 임명하다; 선정하다, 임명하다.
afflict 괴롭히다(distress, torment).
brokenhearted 기죽은, 비탄에 잠긴, 상심한; 실연한.
proclaim 포고[선언]하다, 공포하다, 찬양하다.

하나님 아버지, 예수 그리스도의 이름으로 지혜와 이해의 영이며, 권고의 영, 능력과 깨달음의 영이신 주의 영이 ○○○에게 함께하시기를 기도합니다. 당신의 영이 ○○○에게 임하시어 성령께서 그에게 기름을 바르고 능력을 주셔서 온유한 자, 가난한 자, 부유한 자, 고통 받는 자에게 복음을 전하게 하소서. 주께서 ○○○를 보내셔서 상처받은 자를 감싸며 치유하고, 육체적으로 영적으로 포로 된 자에게 자유를, 묶인 자에게 감옥의 문이 열리고 눈이 열리기를 선포하게 하셨습니다.

2

We hereby confess that we shall stand behind ○○○ and undergird him/her in prayer. We will say only that good thing that will edify ○○○. We will not allow ourselves to judge him/her, but will continue to intercede for him/her and speak and pray blessings upon him/her in the name of Jesus. Thank You, Jesus, for the answers. Hallelujah!

우리는 ○○○를 기도로 후원할 것을 고백합니다. 그리고 ○○○를 격려할 선한 일만을 말할 것입니다. 우리는 그를 판단하지 않을 것이며, 예수 그리스도의 이름으로 그에게 축복이 임하도록 지속적으로 중보기도할 것입니다. 예수님, 응답하심을 감사드립니다. 할렐루야!

Notes

undergird －의 밑을 단단히 묶다, (비유어) 뒷받침하다, 떠받치다.
intercede 중재하다, 조정하다.

FOR THE SUNDAY SCHOOL 주일학교

1

Lord Jesus, Friend of children, who has commanded Your church, "Let the little children come to Me, and do not hinder them, for the kingdom of God belongs to such as these" Lk 18:16, we pray You to look favorably on the efforts of our congregation to bring up our children in the nature and admonition of the Lord. We commit our Sunday school, its teachers and officers, its pupils and visitors, to Your divine care and guidance.

"어린아이들이 내게 오는 것을 용납하고 금하지 말라 하나님의 나라가 이런 자의 것이니라"눅 18:16고 아이들의 친구이신 주님이 교회에 명하셨습니다. 주의 성품과 훈계로 아이들을 양육하고자 하는 우리 성도들의 노력을 미쁘시게 봐주시기를 기도합니다. 우리 주일학교와 교사, 직원, 학생들과 방문자 모두를 당신의 신령한 돌보심과 인도하심에 의탁드립니다.

Notes

congregation   모이기, 모임, (종교적인) 집회, (교회의) 회중.
bring up   기르다, 가르치다.
admonition   훈계, 권고, 충고.

2

Grant, we pray You, Your blessing to the instruction offered in our Sunday school. Cause its teachers always to be impressed with the importance of their work, since theirs is the privilege of molding souls for eternity. Give them wisdom and grace to teach the way of salvation in such a clear and compelling fashion that our children, whom You have bought at the price of Your holy blood, may be ready and eager to receive it. Help them also by personal virtues and exemplary lives to support the instruction they give in the classroom.

Notes

privilege 특권, 특전, (특별한) 은혜.
mold(or mould) 형상 짓다, 주조[성형]하다, (인물, 성격을) 형성하다.
compelling −하지 않을 수 없는, 강제적인, 강력한.
virtue 미덕, 덕행, 장점, 가치.

우리가 주일학교에서 가르칠 때 당신의 축복을 허락하여 주시기를 기도합니다. 교사들이 자신들이 하는 일의 중요성으로 항상 감동되게 하여 주소서. 그들의 섬김은 영혼들을 영원으로 인도하는 특권이기도 하기 때문입니다. 그들에게 지혜와 은혜를 주시기를 원합니다. 구원의 길을 분명하고도 감동적인 방법으로 가르쳐서 당신의 거룩한 피 값으로 사신 우리 어린아이들이 주저하지 않고 즐거이 구원을 받을 수 있도록 하소서. 또한 개인적인 덕성과 모범적인 삶으로 말미암아 그들이 교실에서 가르치는 교훈이 산 교육이 되게 도와주십시오.

3

Since You alone can give the increase, we ask You dear Lord, to cause the good seed of Your Word to bring forth abundant fruit in the hearts and lives of our Sunday school children. Give them ready and teachable hearts. Cause them to seek their Creator when they are young. Make them full of faith, hope, and love. And having been trained in the way they should go, may they ever abide in it, and even when they are old never leave it. Grant this for Jesus' sake. Amen.

오직 주께서만 자라게 하시는 분이므로 당신 말씀의 선한 씨앗이 우리 주일학교 어린이들의 마음과 삶에 풍성한 열매를 맺게 하시기를 간구합니다. 그들에게 항상 준비되고 가르칠 수 있는 마음을 주소서. 아이들이 어릴 때부터 창조주 하나님을 찾게 하여 주소서. 그들이 믿음, 소망, 사랑으로 충만하게 하여 주소서. 그들이 옳은 길을 가도록 훈련되어 항상 그 가르침에 거하고, 나이가 들어서도 그 길에서 떠나지 않기를 원합니다. 예수님의 이름으로 기도합니다. 아멘.

Notes
bring forth 낳다, 생기다, (열매를) 맺다, (증거 등을) 폭로하다, 발표하다.

FOR BAPTISMAL GRACE 세례의 은혜를 위하여

1

Lord God, heavenly Father, You have redeemed me. You have called me by my name and have said: "You are Mine." Praise be to You for having received me as Your child in Holy Baptism. Thanks be to You for having washed away all my sins, for making me a partaker of all the blessings of Your grace, and for bringing me to faith in Your Son through this washing of regeneration and renewing of the Holy Spirit.

하늘 아버지이신 주 하나님, 주께서 저를 구원하셨습니다. 주께서 저를 지명하여 부르시고 "너는 내 것이라." 말씀하셨습니다. 거룩한 세례로 저를 당신의 자녀 삼아 주심을 찬양드립니다. 저의 모든 죄를 씻어 주시고, 당신의 모든 은혜의 축복에 동참하게 하심에 감사드립니다. 중생의 씻음과 성령의 새롭게 하심으로 당신의 아들을 믿을 수 있도록 인도하심도 감사드립니다.

Notes

partaker 분담자, 참가자, 관계자(of; in).
regeneration 갱생, 개심, 영적 신생. [cf.] rebirth, born again.

2

In my moments of temptation and doubt cause me to rest my hope upon the grace bestowed on me in Holy Baptism. You will always remain faithful to Your responsibilities as a heavenly Father. Keep me faithful to my responsibilities as Your child. When I fail, do not throw me aside, but for the sake of Your Son and my Savior pardon me and help me to improve. Keep me in Your grace until I meet You face to face.

유혹과 의심의 순간에 저의 소망이 제게 거룩한 세례를 베푸신 은혜 위에 머물게 하소서. 주께서는 늘 하나님 아버지로서의 책임감에 신실하실 것입니다. 제가 당신의 자녀로서 책임을 다하게 하소서. 제가 실족할 때 저를 버리지 마시고, 저의 구세주이신 당신의 아들로 말미암아 용서하여 주시고 나아질 수 있도록 도와주십시오. 주님을 마주 대할 때까지 당신의 은혜로 저를 지켜 주소서.

Notes

bestow　주다, 수여[부여]하다, 증여하다.
throw aside　버리다, 돌보지 않다.

FOR MY COMMUNION SUNDAY 성찬 주일

As I desire to approach Your table, precious Savior, make me worthy and acceptable, mindful that Your grace alone gives me the privilege to partake of this blessed Sacrament. I have sinned, I have been discouraged, I have given way to needless worries, I have questioned Your promises, I have had a doubtful mind. I confess all these and other shortcomings and ask You to receive me nevertheless and to blot out all my sin against You and all people.

귀하신 주님, 주님의 성찬 테이블 앞에 다가갑니다. 저를 가치 있고 받을 만한 자로 여기셔서 오직 당신의 은혜로 인해 이 복된 성찬식에 참여하는 것임을 기억하게 하소서. 제가 범죄했습니다, 낙담하였고, 불필요한 걱정에 사로잡혔으며, 당신의 약속에 의문을 던지기도 했고, 의심하기도 했습니다. 이 모든 것과 다른 결점들까지도 고백하오니 저를 용납하시어 당신과 사람들에게 범한 모든 죄를 도말시켜 주시기를 주님께 간구합니다.

sacrament 성례전(세례, 성찬의 두 예식).
shortcoming 결점, 단점, 결핍, 부족.
nevertheless 그럼에도 불구하고, 그렇지만(yet).
blot out (글자, 기억을) 지우다, 없애다, (적, 도시 등을) 진멸하다.

2

Create in me a clean and pure heart, a greater faith, and the grace to walk with You in that way which leads to life eternal. Draw me to Yourself with Your constraining love, and send me peace which I have received at Your table of love and grace. Preserve me in this union with You and the fellowship of those with whom I have shared this blessed meal. Continue to be with me and all Your people until journey's end, most gracious Savior and Lord.

제 안에 깨끗하고 정한 마음과 더 큰 믿음을 주시고, 영생으로 나아가는 길에 주님과 동행할 수 있는 은혜를 부어 주소서. 당신의 거부할 수 없는 사랑으로 저를 이끌어 주시고, 당신의 사랑과 은혜의 테이블에서 받은 평안을 저에게 보내 주소서. 주님과 하나 되게 하시며 이 복된 음식을 함께 나눈 사람들과의 교제로 저를 지켜 주소서. 참으로 은혜로우신 주님, 인생 여정이 다할 때까지 저와 주님의 모든 백성들과 계속 함께하여 주소서.

Notes

constraining 강요하는, 억지로 시키는, 억제하기 어려운.
table of love and grace 사랑과 은혜의 성찬 테이블.
until journey's end 인생이나, 세상이 끝날 때까지.

FOR NEW YEAR'S DAY 새해를 맞이하며

At the dawn of this new year, precious Savior and divine Lord, I desire to begin today in Your name. Therefore I ask You to take full possession of my life, hold me by the hand and lead me from day to day, protecting me from all dangers of body and soul. Shield me from the temptations of sin and remove every doubtful thought from my mind. Let not the worries and fears of the future rob me of that peace of mind which is mine through Your sacrifice on Calvary. Order my footsteps in the paths of righteousness, and keep me in Your grace. Abide with Your children wherever they are, and help them through their trials and troubles. Forgive us, one and all, our many sins of the past through Your cleansing and precious blood. Grant me the strength to live victoriously every day.

Notes

take full possession of one's life －의 삶을 전적으로 주관하다.
shield 감싸다, 보호하다(protect), 숨기다, 막다.
rob －에서 훔치다, 강탈[약탈]하다, 빼앗다(of).
one and all 모조리, 빠짐없이 모두.

존귀하신 구세주이시며 신실하신 주님, 새해 아침에 당신의 이름으로 이 하루를 시작하기 원합니다. 주께서 저의 삶을 전적으로 주관하시어 영과 육의 모든 위험으로부터 보호해 주시며, 주의 손으로 저를 붙잡고 매일 인도하여 주시기를 간구합니다. 죄의 유혹으로부터 보호하시고, 마음 속 모든 의심을 없애 주소서. 주님의 십자가의 희생으로 제가 소유하게 된 이 마음의 평화를 미래의 염려나 두려움이 빼앗아 가지 못하게 하소서. 의의 길로 제 발걸음을 명하시고, 주님의 은혜 안에 저를 지켜 주소서. 주님의 자녀들이 어디에 있든 항상 그들과 함께하여 주시고, 시험이나 문제들을 잘 감당하게 도와주소서. 당신의 정결하게 하시는 보혈의 피로, 지난 날 우리의 모든 죄를 하나도 빠짐없이 용서하여 주소서. 매일 승리의 삶을 살 수 있는 힘을 주소서.

2

Give to Your church, eternal Savior, continued growth, and prosper the work of our hands as we seek to win souls for You. Bring this saving gospel to many more. Preserve peace among the nations that Your message of reconciliation may not be hindered in its progress as missionaries go from place to place. Let me live in peace with all people, avoiding discord, strife, and hatred. Make this year another year of grace to me and to many, for Your name's sake.

영원하신 구세주여, 교회가 지속적으로 성장하게 하시고, 주를 위해 영혼들을 인도하고자 하는 우리의 노력들이 날로 번성하게 하소서. 이 구원의 복음을 보다 많은 사람에게 허락해 주십시오. 각지에서 선교사들을 통한 당신의 화평의 메시지가 진전하는 데 방해받지 않도록 각 나라마다 평화를 주소서. 제가 다른 모든 사람들과 불화나 다툼, 미움을 피하고 평화롭게 살게 하소서. 주께 기도하오니 금년도 저와 다른 모든 사람들에게 은혜의 해가 되게 하소서.

Notes

reconciliation 조정, 화해, 조화, 일치.
hinder 방해하다, 훼방하다(in).
discord 불화, 불일치, 내분, 알력.

FOR EASTER DAY 부활절

Lord Jesus, risen and ever-living Savior, with Your people of all ages and races I adore You as my Lord and my God, who has crushed Satan's head, conquered sin and death, and redeemed all people from the forces of evil. Accept my hallelujahs as I rejoice with believers, saints, and angels because You have come forth triumphantly from the grave to live forevermore. I ask You to cleanse my heart from all sinful desires and dwell there with Your eternal peace. I rejoice to know that You have blotted out all my transgressions and reconciled me with Your Father in heaven, that I as a child of His household may seek His face and know that He is full of tender mercies and boundless compassion.

Notes

crush   눌러서 뭉개다, 짓밟다, 가루로 만들다, 분쇄하다.
transgression   위법, 범죄, 법을 어김.
boundless   무한한, 끝없는(넓이, 양 등이).

부활하셔서 영원히 살아 계시는 구세주 예수님, 모든 세대 각 나라 당신의 백성들로 더불어 당신을 저의 주님이시요, 하나님으로 경배합니다. 주께서 사탄의 머리를 짓밟아 죄와 사망을 정복하셨고, 악의 권세로부터 모든 사람을 구속하셨습니다. 주께서 무덤으로부터 승리의 부활하셔서 영원히 사시므로 제가 믿는 자들과 성도와 천사들과 함께 즐거워합니다. 할렐루야, 저의 찬송을 받아 주소서. 주께서 저의 마음을 죄의 욕망으로부터 깨끗케 하여 주시고, 대신 당신의 영원한 평강으로 내주하여 주시기를 간구합니다. 주께서 저의 모든 죄를 도말하시어 하나님 아버지와 화평케 하셔서 너무 기쁩니다. 제가 하나님의 자녀로서 그분의 얼굴을 구하고, 하나님은 인자와 끝없는 사랑으로 가득하신 것을 아오니 너무 기쁩니다.

2

I pray You because of the hope that You have brought to my heart. I need not be afraid of death and dying because there is no condemnation for us who believe in the saving power of Your Cross. To all who are sorrowing let this Easter Day bring the comfort of Your promises and a new joy of expectancy as they reunited with their loved ones in the eternal glory of heaven.

주께서 저의 마음에 부어 주신 소망으로 말미암아 기도합니다. 주 십자가 구원의 능력을 믿는 우리에게는 결코 정죄함이 없기 때문에 저는 죽음이나 죽는 것을 두려워할 필요가 없습니다. 슬퍼하는 모든 자에게 부활절이 당신의 약속의 위로를 가져다주고, 하늘나라의 영원한 영광 가운데 그들이 사랑하는 사람들과 다시 만난다는 기대감으로 인한 기쁨을 가져다주게 하소서.

Notes

condemnation 비난, 유죄 판결, 죄의 선고, 정죄.
Easter 부활절[주일](3월 21일 이후의 만월(滿月) 다음에 오는 첫 일요일; 이 부활주일을 Easter Sunday [day] 라고도 함); = EASTER WEEK.

I rejoice today because I know that Your church shall go on from victory to victory, receiving strength from Your almighty hand. Even the gates of hell shall not prevail against Your church. Accept my vows of allegiance this day as I dedicate myself anew to Your service.

Take full possessions of my heart, remove all sin, scatter all doubts, drive away all worries. Let Your Spirit set aglow in me a love that will not die. Increase in me day after day the desire to follow You to whatever place You shall lead me, until I stand before Your Throne to behold Your glory as the risen Lord, and praise You with saints and angels with an undying and perfect love.

 Notes

prevail 우세하다, 이기다, 극복하다(over; against).
vow 맹세, 서약. (수도 생활에 들어가는, 또는 계율을 지키는) 서원(誓願).
allegiance 충성, 충절, 신종(臣從) 의무(to).
scatter 흩어버리다, 사라지게 하다(dissipate), 쫓아버리다(dispel).
aglow (이글이글) 타올라, 후끈 달아서, 흥분하여.
undying 죽지 않는, 불후의, 영원한.

당신의 교회가 주의 전능하신 손으로부터 능력을 받아 승리를 거듭하리라는 것을 알기 때문에 제가 기뻐합니다. 지옥의 문일지라도 당신의 교회 위에 군림하지 못할 것입니다. 주를 섬기는 일에 다시 한번 헌신하오니 저의 충성의 서약을 받아 주소서.

 제 마음을 전적으로 주관하셔서 모든 죄를 없애 주시고, 의심을 물리치시며, 모든 염려를 없애 주소서. 당신의 성령으로 결코 쇠하지 않는 사랑을 제 가운데 불붙게 하여 주소서. 당신이 이끄는 곳이라면 어디든지 주를 따를 수 있는 열망을 매일 더하여 주소서. 부활하신 주님의 영광을 보게 될 주의 보좌 앞에 서서 영원하고 완전한 사랑으로 성도와 천사들이 주님을 찬양할 때까지 말입니다.

FOR THANKSGIVING DAY 추수감사절

1

With a heartful of appreciation because of Your goodness and with thanksgiving in my soul for Your boundless grace, I come on this national day of thanksgiving, God of loving-kindness and mercy, to join with heart and voice all the people of this country to praise and adore You as a wonderful God and understanding Father in Christ Jesus. Throughout the year You have opened Your hands and poured out on me blessing after blessing. You have provided me with all that I need to sustain body and life. You have opened Your heart and drawn me closer to Yourself, blotted out all my sin, cleansed my conscience from guilt, and spoken peace to my heart.

Notes

boundless 무한한, 끝없는(넓이, 양 등이).
sustain 떠받치다, 양육하다, 참고 견디다, 훌륭히 해내다.

주님의 선하심과 저의 영혼을 향한 당신의 한량없는 은혜에 진심으로 감사드리며, 이 감사주일에 위대하신 하나님, 사랑이 많으신 예수 그리스도의 아버지이신 당신께 찬양과 경배를 드리기 위해 주 앞에 나옵니다. 지난 해 동안 주님은 당신의 손을 펼치시어 저에게 넘치는 축복을 부어 주셨습니다. 제 삶에 필요한 모든 것을 공급해 주셨습니다. 주께서 마음을 여시고 저를 가까이하셨습니다. 저의 모든 죄를 도말하시고, 저의 양심을 죄의식으로부터 깨끗케 하셨으며, 제 마음에 평안할 것을 말씀해 주셨습니다.

Richly and abundantly You have offered to me Gospel and Sacrament, that my soul be healed, my faith strengthened, my character developed, and my life directed. Accept the thanks and praise of my grateful heart. I sing of Your goodness, I shout for joy because of Your mercies. Let my thanksgiving, however, go beyond words and give evidence in the sharing of my blessing with the hungry, the needy, the lonely. Give me the grace to continue to praise You as a thankful child of Your love and with all the family of Your household to serve You with faithfulness and loyal devotion through Jesus, my Savior and Friend.

 Notes

abundant 풍부한(rich), 풍요로운, 많은(plentiful).
go beyond words and give evidence 단순히 말로가 아닌 증거로서.
loyal (국가, 군주 등에) 충성스러운(to), (약속, 의무 따위에) 성실한, 충실한.

주께서 저에게 복음과 성찬을 넘치고도 풍요롭게 허락하셨습니다. 그리하여 제 영혼이 치유되었고, 제 믿음이 견고해졌으며, 제 인격이 향상되었고, 제 인생이 나아갈 길을 알게 되었습니다. 감사로 넘치는 제 마음의 감사와 찬양을 받으소서. 당신의 선하심을 노래하며, 당신의 인자하심으로 기뻐 외칩니다. 그러나 저의 감사가 가난하고 굶주리는 자, 외로운 자와 당신의 축복을 함께 나눔으로써 단순한 말이 아닌 증거가 되게 하소서. 당신의 사랑을 감사하는 자녀로서 당신을 늘 찬양하는 은혜를 주시기를 원합니다. 그리고 하나님의 모든 권속들과 함께 저의 구세주이시며 친구이신 예수 그리스도를 통하여 충실함과 성실한 헌신으로 주를 섬기게 하소서.

FOR CHRISTMAS DAY 성탄절

1

O God the Father, I praise You for the gift of Your Son, who was born in the poverty and lowliness of Bethlehem so that I might enjoy the riches of Your grace and the exaltation of sonship with You.

O God the Son, O adore You for humbling Yourself to be my Savior, for bearing my sins in Your own body, and for rendering to my Father in heaven a perfect satisfaction for my sins.

O God the Holy Spirit, I glorify You for having made my heart a home for the Savior of the world and for bringing the peace of forgiveness to my soul through faith in Him who is the Prince of Peace.

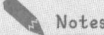
Notes

lowly 낮은 (신분, 지위 따위), 겸손한(modest), 자기를 낮추는.
exaltation 높임, 고양(elevation), 찬양.
sonship 자식임, 자식의 신분.
render -로 만들다, -이 되게 하다, 제공하다, (경의 따위를) 표하다.

하나님 아버지, 당신의 아들을 우리에게 선물로 주심을 찬양합니다. 그분은 베들레헴에서 가난하고 겸손하게 태어나셨습니다. 당신의 은혜의 풍성함과 당신의 아들 되심을 우리가 함께 누릴 수 있도록 말입니다.

성자 하나님, 당신의 육체로 저의 죄를 감당하시고 하나님 아버지께 저의 죄를 위한 완전한 대속이 되시기 위하여 자신을 겸허히 낮추셔서 저의 구주가 되신 주님을 경배합니다.

성령 하나님, 저의 마음을 이 세상 구세주의 거처가 되게 하신 것에 당신께 영광을 돌립니다. 그리고 평강의 왕이신 그분을 믿음으로 말미암아 제 영혼에 용서로 인한 평안을 주신 당신을 높입니다.

2

O blessed Trinity, on this holy day give me a humble and contrite heart that I may joyfully claim the Babe of Bethlehem as my Lord and my God. Remove from me the tattered robes of my own righteousness, and adorn me with the spotless garment of Christ's righteousness.

Use every gift received this day from loving friends to remind me of the gifts of the Savior so that my heart may rejoice and my tongue can sing, "Glory to God in the highest!"

Help me to cradle the Christ Child in my heart, O Holy spirit, and give me the grace and strength to love and adore Him all the days of my life. Amen.

Notes

Trinity 삼위 일체(The Trinity: 기독교에서 성부, 성자, 성령을 일체 하나님으로 봄).
tattered 누덕누덕한, 누더기 옷을 입은, 산산조각이 난.
adorn 꾸미다, 장식하다(with).
spotless 더럽혀지지 않은, 결점이 없는, 완벽한.
cradle 요람에 넣다, 흔들어 재우다, 육성하다.

복되신 삼위의 하나님, 이 거룩한 날에 저에게 겸손하고 회개하는 마음을 주셔서 베들레헴에서 나신 아기를 기쁜 마음으로 저의 주님이시요 저의 하나님으로 고백할 수 있게 하소서. 저에게서 제 공의로 입혀진 누더기 옷을 벗겨 주시고, 흠 없는 그리스도의 공의로 덧입혀 주소서.

오늘 사랑하는 친구들로부터 받은 선물들을 통해 구세주의 선물을 기억하게 하시기를 원합니다. 그리하여 제 마음이 기뻐하게 하시고 저의 입술은 "가장 높은 곳에 계시는 하나님께 영광!"이라고 노래하게 하소서.

성령님, 제 마음에 아기 예수를 품게 도와주시고, 제가 사는 날 동안 그분을 사랑하고 경배할 수 있도록 은혜와 능력을 주소서. 아멘.

FOR THE MISSIONS IN FOREIGN FIELDS

해외 선교

1

Gracious God, Father in heaven, You would have all to be saved and come to the knowledge of the truth in Christ Jesus, the Savior. "How, then, can they call on the one they have not believed in? And how can they believe in the one of whom they have not heard? And how can they hear without someone preaching to them? And how can they preach unless they are sent?" Ro 10:14-15.

Since I cannot go personally, make me glad to support with my money the foreign missionary program of my church. Bless its use in keeping workers in the fields which are ready to harvest.

Bless the preaching of our missionaries with Your divine benediction that the border's of Christ's kingdom may be enlarged and the earth be filled with the knowledge of Your glory as the waters cover the sea.

Notes

harvest   수확하다. 명사 harvest와 동형.

은혜로우신 하나님 아버지, 주께서는 모든 사람들이 구원받으며 구세주이신 예수 그리스도 안에 있는 진리의 지식에 이르기를 원하십니다. "그런즉 저희가 믿지 아니하는 이를 어찌 부르리요 듣지도 못한 이를 어찌 믿으리요 전파하는 자가 없이 어찌 들으리요 보내심을 받지 아니하였으면 어찌 전파하리요" 롬 10:14-15.

    저는 해외 선교를 나갈 수 없지만, 물질로서 교회의 해외 선교 프로그램을 기쁜 마음으로 지원할 수 있게 하소서. 그리고 이로 인해 추수할 현장에 계속 일꾼을 보낼 수 있도록 축사하여 주소서.

    당신의 신령한 축복으로 우리 선교사들의 말씀 전파를 축복하시어 그리스도 나라의 지경이 넓어지고 물이 바다를 덮음같이 당신의 영광을 아는 지식이 이 땅에 충만하게 하여 주시기를 원합니다.

MISSIONARIES 선교사를 위한 기도

1

Father, we lift before You those in the Body of Christ who are out in the field carrying the good news of the Gospel, not only in this country but also around the world. We lift those in the Body of Christ who are suffering persecution, those who are in prison for their beliefs. Father, we know that You watch over Your Word to perform it, that Your Word prospers in the thing for which You sent it. Therefore we speak Your Word and establish Your covenant on this earth. We pray here and others receive the answer there by the Holy spirit.

Notes

persecution (특히 종교상의) 박해, 성가시게[끈질기게] 졸라댐, 괴롭힘.
covenant 계약, 서약, 계약 조항; (신과 인간 사이의) 언약, 성약(聖約).

하나님 아버지, 이 나라뿐 아니라 현재 전 세계에서 복음을 전하기 위해 현지에 나가 있는 그리스도 몸의 지체들을 위해 기도합니다. 믿음으로 인해 감옥에 있거나 박해를 받고 있는 지체들을 기억하소서.

    아버지, 당신의 말씀이 뿌려진 곳에서 열매를 맺음으로 말미암아 주께서는 주의 말씀이 역사하도록 지켜보고 계심을 압니다. 그러므로 우리가 주의 말씀을 선포하고 당신의 언약을 이 땅에 세웁니다. 우리는 이곳에서 기도하고, 그들은 그곳에서 성령으로 응답을 받습니다.

In the name of Jesus…

2

We commit these our brothers and sisters in the Lord to You, Father, deposited into Your charge, entrusting them to Your protection and care, for You are faithful. You strengthen them and set them on a firm foundation and guard them from the evil one. We join our voices in praise unto You, most high, and silence the enemy and avenger. Praise the Lord! Greater is He who is in us than he who is in the world!

신실하신 하나님 아버지, 우리의 형제자매들을 주의 돌보심과 보호하심에 의탁하고 주의 손에 맡깁니다. 그들을 강건케 하셔서 굳건한 반석 위에 세우시고 악으로부터 지켜 주소서. 우리가 한 목소리로 지극히 높으신 당신께 찬양을 드리고, 원수와 보복하는 자를 잠잠케 합니다. 주님을 찬양합니다! 우리 안에 있는 분이 세상에 있는 자보다 크십니다!

Notes

commit   위임하다, 위탁하다, 부치다(to).
deposit   아래에 놓다, 두다, 가라앉히다, 예금하다, 착수금으로서 주다[걸다].
avenge   원수를 갚다, 복수하다, 앙갚음하다(on).

FOR A SPECIFIC PERSON TO WHOM ONE DESIRES TO WITNESS 전도 대상자를 위한 기도

Lord God, who gives all things, I thank You for all spiritual and earthly blessings that have come to me from Your gracious hand. Help me in all things to put You first, to seek Your glory, and to love and to serve my neighbor as myself.

At this time I pray You especially to give me a courageous and wise heart that I may witness of Your love to ○○○, who is little interested in the needs of the spirit and his/her own salvation. Give me the right thoughts to think and the right words to speak, and send Your Holy Spirit into his/her heart that he/she may listen and believe. I feel altogether inadequate for the task which is mine to perform, but I know that through You I will be able to do all things. I depend on You. Lend power and conviction to my halting words, that ○○○ may find eternal life and joy of salvation in You; through Jesus Christ.

 Notes

inadequate 부적당한(to), 불충분한(for), 미숙한.
conviction 신념, 확신, 죄의 자각, 양심의 가책, 유죄의 판결[선고].
halting 불완전한, 주저하는, 떠듬거리는.

모든 것을 공급하시는 주 하나님, 당신의 은혜의 손길을 통해 주신 모든 영적 물질적인 축복에 감사드립니다. 모든 일에 항상 주님을 우선으로 하고, 주의 영광을 위하며, 저의 이웃을 제 몸과 같이 사랑하며 섬길 수 있도록 도와주소서. 이 시간 특히 ○○○에게 당신의 사랑을 전할 수 있도록 용기와 지혜로운 마음을 주시기를 기도합니다. 이 사람은 자신의 구원과 영적인 필요에 관심을 가지고 있습니다. 저에게 합당한 생각과 할 말을 주시며, 그에게 성령을 보내 주시어 듣고 믿을 수 있게 하여 주십시오. 감당해야 할 일에 저 스스로 너무 부족하지만, 주께서 이 모든 일을 능히 감당케 하실 줄 압니다. 제가 주님을 의지합니다. 저의 어눌한 말투에 능력과 확신을 주시어 ○○○가 예수 그리스도로 말미암아 영생과 당신 안에 있는 기쁨을 발견하게 하소서.

BEFORE GOING TO CHURCH 교회 가기 전

Gracious Saviour, You have made each Sunday a day of triumph through Your resurrection, increase in me the desire to worship You as my adorable Lord and merciful Saviour. Grant that the message of Your redeeming love, which I shall hear today, may make me more appreciative of Your grace, strengthen my faith, ennoble my character. Make me more faithful in this coming week that I may be able to resist all temptations that come my way. Make me ever more willing to serve others as You have served me. Remove all distracting thoughts from my mind, and let me apply all that is said to myself rather than to others.

Let my attendance at Your house of worship be an example to others that they, too, may come and share with me the peace and hope which are mine through Your Gospel of love and grace.

adorable   존경[숭배, 찬탄]할 만한, 사랑스러운, 귀여운.
appreciative   감상할 줄 아는, 눈이 높은, 감사하고 있는(of).
ennoble   품위있게 하다, 고상하게 하다, 귀금속으로 만들다.
distracting   마음 산란한, 산만한, 마음에 걸리는.

고마우신 주님, 주께서 부활하심으로 매 주일이 승리의 날이 되게 하셨습니다. 저에게 당신을 경배의 주님으로, 자비로운 구세주로 예배할 열망을 더하여 주소서. 오늘도 주님의 구원하시는 사랑의 메시지를 통해 제가 더욱 주의 은혜를 감사하게 하시고, 믿음을 굳게 하시며, 고상한 인격을 갖게 하소서. 새로이 시작되는 한 주간도 수시로 엄습하는 모든 유혹을 대항할 수 있도록 저를 더욱 신실하게 하소서. 주께서 저를 섬기셨듯이 저도 남을 더욱 기꺼이 섬길 수 있게 하여 주소서. 제 마음에서 모든 산만한 생각들을 없애 주시고, 저에게 말씀하신 모든 말씀들을 다른 사람이 아닌 저 자신에게 적용하게 하소서.

    제가 예배하는 주의 성전에 참석하는 것이 다른 사람들에게 본이 되게 하시어 그들도 또한 참석하여 당신의 사랑과 은혜의 복음을 통해 제가 소유하고 있는 이 평안과 소망을 나누어 갖게 하소서.

FOR THE JOY OF WORSHIP 예배의 기쁨을 위하여

Heavenly Father, let me share the joy of the psalmist who said, "I was glad when they said to me, Let us go to the house of the Lord." May every opportunity offered to worship You in Your house find me eager to join in hearing Your Word, in singing Your praise, in lifting up my hearts to You in prayer.

May Your Holy spirit so bless the hour of worship in Your house that I may be refreshed after the toils and burdens, the sins and failures of the weekday world. I need so much my Saviour's invitation, "Come to Me, all you who are weary and burdened, and I will give you rest" Mt 11:28.

Teach me to come into Your presence with a contrite heart, and let me depart with the knowledge that my sins are forgiven. Fill my spirit with the peace which the world cannot give.

 Notes

psalmist   찬송가 작자; * The Psalmist: 다윗 왕과 같은 시편 기자, 시편의 작자.
toil   힘드는 일, 수고, 전투, 싸움.
contrite   죄를 깊이 뉘우치고 있는, 회오의.

하나님 아버지, "그들이 주의 성전으로 가자고 나에게 말했을 때 내가 기뻐했노라"고 말한 시편 기자의 기쁨을 나도 갖게 하소서. 주의 성전에서 주를 경배할 때마다 주의 말씀을 듣고, 찬양하며, 저의 마음을 기도로 주께 올려드리는 것을 더욱 간절히 원하게 하소서.

주의 성령께서 하나님의 성전에서 예배 시간을 축복해 주시어 저를 한 주 동안 세상에서의 수고와 무거운 짐, 죄와 실패로부터 새롭게 하여 주시기를 원합니다. "수고하고 무거운 짐 진 자들아 다 내게로 오라, 내가 너희를 쉬게 하리라" 마 11:28 하신 저의 구세주의 초청을 간절히 필요로 합니다.

회개하는 마음으로 주 앞에 나오게 하시며, 저의 죄가 용서받았다는 확신으로 떠나게 하소서. 저의 영혼을 세상이 줄 수 없는 평안으로 채워 주소서.

AFTER ATTENDING CHURCH 예배를 마친 후

With thanks and praise in my heart, O Lord, I return from the service where I have worshipped You today, confessed Your name and my faith, and made my prayers. You have spoken to me through Your Word, assuring me of the forgiveness of all my sins. These promises sent me on my way rejoicing as my heart is filled with peace and the certainty of salvation. You have shown me the way that I should go, warned me against the pitfalls of sin, and given me directives for my Christian living. Grant that I may daily practice the things that I have heard. Let Your Word bring forth in me abundant fruit to the glory of Your name.

 Notes

pitfall 함정, 생각지 않은 위험, 유혹.
directive 방향, 지령(order), 작전 명령.
bring forth 낳다, 생기다, (열매를) 맺다, 폭로하다, 발표하다.

오 주님, 오늘 예배를 통하여 주의 이름과 저의 믿음을 고백하고, 기도를 드린 후 감사와 찬양의 마음으로 집에 돌아오옵니다. 제가 모든 죄로부터 용서받았다는 확신을 주시며 주님은 주의 말씀으로 저에게 말씀하셨습니다. 이 약속의 말씀이 돌아오는 길에 저에게 임하여서 제 마음이 평안과 구원의 확신으로 가득 차 즐겁습니다. 주께서 저의 갈 길을 보여 주시고, 죄의 유혹에 대항하도록 경계하셨으며, 그리스도인의 삶에 대한 지침을 주셨습니다. 들은 바를 제가 매일 실행하게 하소서. 주의 말씀이 제 가운데 풍요롭게 열매 맺게 하시어 당신께 영광을 돌리게 하소서.

2

Bless the ministry of my pastor. Watch over all the members of my church, and lead them daily in the paths of righteousness. Help me to dedicate myself to You in a richer and fuller service and share with my fellow Christians the responsibility placed upon us by Your Son Jesus Christ. Open more doors of services to me, and let me enter gladly and serve You with all the ability You have given me by Your goodness and love. Bless me daily with Your benediction, and let Your presence guide me and protect me throughout this week. In Jesus' name I ask this.

우리 목사님의 사역을 축복해 주시기를 원합니다. 우리 교회 모든 성도들을 돌아보시어 매일 의의 길로 인도하소서. 아버지께 더욱 온전하고 전적인 헌신을 하게 하셔서 당신의 아들 예수 그리스도를 통해 우리에게 주신 사명을 다른 그리스도인들과 함께 나누도록 도와주십시오. 좀 더 많은 섬김의 기회를 열어 주시기를 원합니다. 그래서 당신의 선하심과 사랑을 따라 제게 주신 모든 능력으로 기쁨으로 당신을 섬기게 하소서. 날마다 당신의 축도로 축복해 주시고, 이 한 주 동안도 당신의 임재하심으로 저를 인도하고 보호하여 주십시오. 예수님의 이름으로 기도합니다.

Notes

dedicate oneself to   −에 몸을 바치다, 전념하다.
benediction   (예배 따위의 끝)기도, 감사기도, 축복.

5. DAILY PRAYER FOR VARIOUS OCCASIONS

일상 생활 속의 기도

"He said to them, 'When you pray, say: Father, hallowed be your name, Your kingdom come. Give us each day our daily bread. Forgive us our sins, for we also forgive everyone who sins against us. And lead us not into temptation.'" _ Luke 11:2-4

"예수께서 이르시되 너희는 기도할 때에 이렇게 하라 아버지여 이름이 거룩히 여김을 받으시오며 나라이 임하옵시며 우리에게 날마다 일용할 양식을 주옵시고 우리가 우리에게 죄 지은 모든 사람을 용서하오니 우리 죄도 사하여 주옵시고 우리를 시험에 들게 하지 마옵소서 하라." _누가복음 11:2-4

O God, let this be my prayer every day. Keep me from thinking any critical thought. Keep me from blaming others for anything. Keep me from being resentful. Keep me from saying or thinking any hurtful thing about anyone. Help me today and every day to think good and do good regardless of what anyone else may say or do. Spirit of all power and goodness, quiet my mind. Help me to be still enough to hear Your voice. Help me to be stop rebelling against circumstances. Help me to be like Jesus. Amen.

오 하나님, 이것이 매일 저의 기도가 되게 하소서. 어떤 일에 남을 원망하지 않게 하시고, 분내지 않게 하시며, 누구에 대해서도 상처 주는 말이나 생각을 하지 않게 하소서. 오늘뿐 아니라 매일 다른 사람들이 무슨 말을 하고 어떻게 행하는 것과는 상관없이 제가 오늘 선한 일을 생각하고 행하게 도와주십시오. 전능하시고 선한 영이시여, 제 마음이 잠잠하게 하소서. 잠잠히 주의 음성을 들을 수 있게 도와주소서. 상황에 거역하지 않기를 원합니다. 예수님을 닮을 수 있도록 도와주십시오. 아멘.

MY BIRTHDAY 생일 기도

1

Another year of my life has come to a close, and a new day begins for me, Lord God, eternal Caretaker of my life and Lover of my souls in Christ Jesus. You have been good to me through the years. You have given me health and strength, friends and relatives, enjoyments and pleasures, and, above all, Your Gospel with its many promises of peace and forgiveness. My grateful heart praises You.

제 삶의 영원한 관리자이시며 예수 그리스도 안에서 제 영혼을 사랑하시는 주 하나님, 제 인생의 또 다른 한 해가 마무리되고, 새로운 하루가 시작됩니다. 주님은 이제껏 저에게 선하셨습니다. 주님은 저에게 건강과 힘, 친구와 가족, 희락과 즐거움, 그리고 무엇보다도 당신의 복음을 통해 많은 평화와 용서의 약속을 주셨습니다. 제가 감사하는 마음으로 주님을 찬양합니다.

 Notes

caretaker   (공공시설 등의) 관리인, 돌보는 사람.

2

Give me the grace to dedicate myself to You again on my birthday, and grant me greater willingness to serve You faithfully and continually. Through Your Holy Spirit make me a loyal member of the church, a worthy citizen of the nation, a dutiful member of the household, and a conscientious performer of my work.

Let joy fill my heart as I walk in Your ways, performing my duties and meeting my responsibilities with faithfulness every day.

제 생일을 맞이하여 주님께 다시 헌신하는 은혜를 주소서. 그리고 당신을 더욱 신실하게 지속적으로 섬길 수 있는, 더 큰 자원하는 마음을 주소서. 당신의 성령으로 교회의 충성스러운 일원이 되게 하시며, 이 나라의 가치 있는 시민이 되게 하소서. 그리고 책임 있는 가족의 일원이 되게 하시며, 맡겨진 일을 양심적으로 감당하는 자가 되게 하소서.

매일 성실하게 책임과 의무를 감당하면서 주의 길로 행함으로 기쁨이 제 마음을 채우게 하소서.

Notes

dedicate (시간, 생애 등을) 바치다, 봉납하다, 헌납하다.
loyal (국가, 군주 등에) 충성스러운(to), (약속, 의무 따위에) 성실한, 충실한.
household 가족, 세대, 한 집안(고용인 포함).
conscientious 양심적인, 성실한.

GRACE AT MEAL 식사 기도

1

We ask You, Lord God, to honor us with Your presence at our meal. You have graciously provided the food we are about to eat and have given us the health to enjoy Your blessings. Sanctify our hearts to receive Your blessings to our profit and to Your great joy. Cause it to nourish my body and soul that I may be able to be better serve You and those around me; for Jesus' sake. Amen.

하나님 아버지, 우리의 식탁에 함께하셔서 축복해 주시기를 원합니다. 주님이 자비롭게도 이 음식을 주셨고, 당신의 축복을 누릴 수 있는 건강도 주셨습니다. 우리의 마음을 거룩하게 하셔서 우리에게는 유익함이요, 당신께는 커다란 기쁨이 되는 축복을 받게 하소서. 이 음식을 먹고 저의 영혼과 육체가 강건해지게 하셔서 주님과 주위 사람들을 더 잘 섬기게 하소서. 예수님의 이름으로 기도합니다. 아멘.

Notes

honor   존경하다(respect), -에게 경의를 표하다, -에게 영광을 주다(with).
sanctify   신성하게 하다, 신에게 바치다, 죄를 씻다, 정당화하다.
profit   이익, 소득, 덕.
nourish   -에 자양분을 주다, 기르다, 살지게 하다, 조성하다(promote).

2

Lord, You are the Giver of all that is good. We thank You for the bountiful meal which is spread before us. We acknowledge this food as a gift of Your love and as an invitation to bring our needs and our thanks to You. Bless the food that You have given. Grant us the grace to receive it as an undeserved blessing from You, and nourish our bodies thereby, that we may be able to serve You more; in the name of Jesus.

주님, 당신은 모든 좋은 것들을 공급하시는 분입니다. 우리에게 이 풍요로운 음식을 허락해 주셔서 감사합니다. 이 음식이 당신의 사랑의 선물이며, 우리의 필요와 감사를 당신께 드리도록 하는 초청이라 믿습니다. 당신께서 허락하신 이 음식을 축사하소서. 이 음식을 하나님이 우리에게 거저 주시는 축복으로 받아들일 수 있는 은혜를 허락하소서. 또한 그로 인해 우리의 육체를 강건케 하셔서 당신을 더욱 잘 섬길 수 있도록 하소서. 예수님의 이름으로 기도합니다.

Notes

bountiful = bounteous 관대한, 인정 많은; 윤택한, 풍부한.
grant 주다, 부여하다(bestow), 승인하다, 허락하다.
undeserved 받을 가치가[자격이] 없는, 과분한, 부당한.
thereby 그것에 의해서, 그에 대해서[관해서].

EMPLOYMENT 직장을 구하는 기도

It is clear from Your Word that work is normal and good for all people, yet I have not found the work which I need and seek. This situation is hard to understand. Help me, Lord, to surrender wholly to You and to look to You for the employment that I need.

일하는 것은 모든 사람에게 당연하고 선한 것이라는 사실이 하나님의 말씀에 분명히 드러나 있지만, 제가 필요로 하고 원하는 일을 아직 찾지 못했습니다. 지금 이해하기 어려운 상황에 처해 있습니다. 주님, 제가 당신께 전적으로 의지하며 필요로 하는 직장을 찾을 수 있도록 도와주소서.

 Notes

surrender 내어 주다, 양도[명도]하다, 포기하다, 항복하다(to).

2

His/her desire is to owe no man anything but to love him. Therefore, ○○○ is strong and lets not his/her hands be weak or slack, for his/her work shall be rewarded.

His/her wage are not counted as a favor or a gift, but as something owed to him. ○○○ makes it his/her ambition and definitely endeavors to live quietly and peacefully, minds his/her own affairs, and works with his/her hands. He/she is correct and honorable and commands the respect of the outside world, being self-supporting, dependent on nobody and having need of nothing, for You, Father, supply to the full his/her every need.

Notes

slack (옷 따위가) 느슨한(loose), 부주의한(careless), 태만한(idle), 더딘(slow).
endeavor -하려고 노력하다, 애쓰다, 노력하다(to).
command -에게 명(령)하다, 지휘하다, 자유로이 쓸 수 있다(at one's command), 전망하다(It commands a nice view: 경치가 좋다).

그의/그녀의 바람은 사랑 외에는 아무에게도 빚지지 않는 것입니다. 그러므로 ○○○는 강하며 스스로 약해지거나 게을러지는 것을 원하지 않습니다. 자신의 일한 대가를 받을 것이기 때문입니다.

    그의 소득은 불의한 것이나 선물이 아니고, 마땅한 것으로 여기는 것입니다. 자신의 일에 열중하고, 몸소 수고하여 일하며, 조용히 평화롭게 살고자 하는 것이 ○○○의 야망입니다. 그리고 분명히 그렇게 살고자 노력하고 있습니다. 그는/그녀는 스스로의 필요를 채우고, 남을 의지하지 않으며, 궁핍하지 않게 살아감으로써 바르고 존경스러우며 타인의 존경을 받을 만합니다. 주께서 모든 필요를 공급하시기 때문입니다.

BEFORE GOING TO WORK 일터에 나가기 전

I thank You, dear Lord, who blesses all honest work, that You have allowed me to see the beginning of another day and have equipped me for the work it brings. Be with me as I leave for work. Help me to face the responsibilities of today with rejoicing.

모든 정직한 일을 축복하시는 사랑하는 주님, 새로운 하루 일과의 시작을 허락하시고 그 일을 감당할 수 있게 하심을 감사드립니다. 오늘도 출근하오니 함께하여 주소서. 오늘 저에게 맡겨진 일들을 기쁨으로 감당하게 도와주소서.

 Notes

equip －에(－을) 설비하다, 장비하다(with), －에게 갖추게 하다(with).

2

Give me grace to see in my profession an opportunity for loving service to others. In my associations with them make me quick to forgive, sympathetic to their needs, and joyful in their blessings. Grant this for Jesus's sake. Amen.

저의 일 가운데서 다른 사람을 사랑으로 섬길 수 있는 기회를 발견하도록 은혜를 주소서. 제가 그들과 교제하면서 늘 용납하게 하시고, 그들의 필요에 공감하며, 그들을 축복하기를 기뻐할 수 있게 하소서. 예수님의 이름으로 허락하여 주소서. 아멘.

Notes

association 연합, 제휴(with), 교제, 친밀(한 관계)(with).
sympathetic 동정적인, 공감을 나타내는, 호의적인, 마음에 맞는.

FOR GUIDANCE IN VOCATION 직장에서의 인도하심

1

Be my Guide in my work, and help me to work in such a way that You will be pleased. Give me the wisdom necessary to make the proper decisions in problems which confront me daily. Help me to use my talents wisely in my work, for I want to give a good account of my stewardship. Enable me to be a blessing to those with whom and for whom I work, to their joy, and to Your glory.

저의 업무 가운데 인도자가 되어 주셔서 주님이 기뻐하실 방법으로 일할 수 있게 도와주소서. 매일 직면하는 문제들에 대해 바른 결정을 할 수 있도록 저에게 꼭 필요한 지혜를 주소서. 일하는 가운데 저의 은사를 지혜롭게 사용할 수 있도록 도와주십시오. 저는 선한 청지기의 삶을 살고 싶기 때문입니다. 제가 함께 일하고 있는 사람들과 제가 일로서 섬겨야 할 사람들에게는 기쁨과 축복이, 당신께는 영광이 되게 하소서.

Notes

confront　-에 직면하다, -와 마주 대하다; -와 만나다(with).
give a good account of oneself　스스로를 훌륭히 변명하다; 훌륭히 행동하다, (스포츠에서) 좋은 성적을 올리다.
stewardship　청지기적 삶, 역할.

O Lord, give me the proper attitude toward work. Help me always to remember that it is Your will that I work in a useful vocation, one in which I can serve You and my neighbor. You have given me health and ability. I depend on You to lead me into some work whereby my ability can best be utilized, in which I will be happy and content, and by which I can make a good living. Help me to think clearly, and open the right opportunity for me. If I cannot immediately find the work I prefer, make me patient and persevering, and help me to serve You in whatever work is available.

 Notes

vocation 직업, 생업, 신의 부르심, 소질.
whereby 무엇에 의하여(by what), 어떻게 하여(how).
content -에 만족을 주다, 만족시키다.
persevere 참다, 견디다, 버티다(in; with).

오 주님, 일을 올바른 자세로 할 수 있도록 가르쳐 주소서. 제가 주님과 이웃을 섬길 수 있는 유익한 일터에서 일하는 것이 당신의 뜻임을 항상 기억하게 하소서. 주께서 저에게 건강과 능력을 주셨습니다. 저의 능력을 최대한 발휘해서 일할 수 있는 직장을 허락해 주소서. 그곳에서 행복과 만족을 느끼게 하시며, 그로 인해 넉넉한 삶을 살 수 있기를 원합니다. 제가 명료하게 생각할 수 있도록 도와주시기를 원합니다. 저에게 마땅한 기회를 열어 주소서. 제가 원하는 직장을 곧 찾지 못할지라도 인내하며 감내할 수 있게 해주시며, 주어진 어떠한 일에서든 주님을 섬기게 도와주소서.

FOR TRAVEL BY LAND, SEA, OR AIR

여행을 떠날 때

O Lord, my Guide and Guard, who is present everywhere with Your mighty power, shield me from all danger as I begin my travel. I rejoice with the psalmist: "Where can I go from Your Spirit? Where can I flee from Your presence? If I go up to the heavens, You are there……If I rise on the wings of the dawn, if I settle on the far side of the sea, even there Your hand will guide me, Your right hand will hold me fast" Ps 139:7–10.

Go with me on my travels. Be my Companion, and lead me safely to my destination. If death awaits me on this trip, keep me in true faith in You that I may reach my destination in heaven, which You have won for me by Your atonement for my sins.

Notes

shield   감싸다, 보호하다(protect), 수호하다, 막다.
flee   달아나다, 도망하다, 피하다(from).
companion   동료, 친구, 반려(comrade, associate).
atonement   보상, 죄값, (예수의) 속죄, 화해.

전능하시고 무소부재하셔서 저의 안내자요 보호자가 되시는 하나님, 제가 이제 여행을 떠나려 합니다. 모든 위험으로부터 방패가 되어 주소서. 제가 시편 기자의 고백을 즐거워합니다. "내가 주의 신을 떠나 어디로 가며 주의 앞에서 어디로 피하리이까 내가 하늘에 올라갈지라도 거기 계시며……내가 새벽 날개를 치며 바다 끝에 가서 거할지라도 곧 거기서도 주의 손이 나를 인도하시며 주의 오른손이 나를 붙드시리이다" 시 139:7-10.

 저의 여행에 주님이 동행하여 주시기를 원합니다. 저의 동반자가 되셔서 목적지까지 안전하게 인도해 주소서. 여행 기간 동안 죽음이 저를 기다리고 있다면, 저의 죄를 용서하셔서 제게 허락하신 하늘의 목적지에 이르기를 원합니다.

FOR A LIFE COMPANION 배우자를 위한 기도

1

Dear heavenly Father, who has said, "It is not good for the man to be alone" Ge 2:18, I come to You asking for help to find my partner in life. I ask You for guidance, for I am Your child, and You are my loving and heavenly Father. As I seek to assume my place in life and fulfill my mission in this world, I long to share my love with another, to establish a home, and to raise a family. In Your tender mercy lead me to a kind and friendly Christian companion who will appreciate me and return my love. I do not want to be alone, but prefer to share my joys and sorrows with someone I can love — one of my faith and my way of life. Hear my prayer for the sake of Him who blessed marriage by His presence during His ministry on earth.

Notes

partner   함께하는 사람, 동료, (기업 따위의) 공동 출자자; 배우자.
assume   (태도, 임무를) 취하다, 떠맡다, -인 체하다, 추측하다.
long   간절히 바라다, 열망하다(for; to do), 사모하다.
tender   부드러운, 약한, 부서지기[상하기] 쉬운.

"사람이 독처하는 것이 좋지 않다"창 2:18고 하신 하나님 아버지, 제 인생의 동반자를 찾도록 도와주시기를 기도합니다. 저는 주님의 자녀이며 당신은 제가 사랑하는 하늘 아버지시므로 저를 인도해 주시기를 원합니다. 제 인생의 역할을 감당하고 이 세상에서 저의 사명을 이루기 위하여 동반자와 사랑을 함께 나누며, 가정을 이루고, 가족을 형성하기 원합니다. 저를 소중히 여기며 제 사랑을 되돌려 줄 수 있는 친절하고 자상한 그리스도인 배우자를 만나도록 주님의 인자하심으로 인도해 주십시오. 저는 독신으로 남고 싶지 않습니다. 오히려 제 믿음과 삶의 방식의 한 부분을, 제 기쁨과 눈물을 사랑하는 사람과 함께 나누기를 원합니다. 이 땅에 계시면서 결혼 예식에 친히 참석하시어 축복하셨던 예수 그리스도의 이름으로 이 기도를 들어주소서.

FOR MARRIAGE 결혼을 위한 기도

1

Dear heavenly Bridegroom, my Lord and Savior Jesus Christ, on this day of my engagement I thank You that You have helped me find a person to love and serve until death shall part us. I pray You, grant that our joy and happiness may remain throughout our lives, and help us always to live not only for ourselves but for You.

천국의 신랑이시며 저의 구세주이신 예수님, 죽음이 갈라놓을 때까지 사랑하며 섬길 수 있는 사람을 만나게 도와주시니 감사합니다. 우리 사는 날 동안 기쁨과 행복으로 채워 주시고, 우리 자신뿐 아니라 주를 위해서 살 수 있게 도와주시기를 기도합니다.

Notes

bridegroom 신랑.
engagement 약속, 맹세, 계약, 약혼.
part —을 나누다, 분할하다, 가르다, 구별하다.

2

O Lord, strengthen us and help our love to mature as time goes on that our engagement and marriage may be a joy to You and to all who know us. When Satan would lead us into quarrels and hatred, help us to know that in so doing Satan is opposing not only us but also You. Make Your strength our strength, and help us to overcome the temptation of the Evil one.

Guide us in Your paths. Keep us pure in thought and action. Make us of one mind in planning our marriage that such planning may help to draw us closer in love. Help our parents to be understanding, and help us to understand them, that together we may look forward to the day of marriage, that nothing in our planning may disturb our happiness.

Notes

quarrel 싸움, 말다툼, 불화.
hatred (때로 a-) 증오, 미워함, 혐오.
look forward to (a thing/doing) -을 기대하다, 즐거움으로 기다리다.
disturb 방해하다, 불안하게 하다, 혼란시키다.

주님, 우리에게 힘을 주셔서 시간이 갈수록 우리의 사랑이 더욱 깊어지게 하소서. 약혼과 결혼으로 인해 주님뿐 아니라 우리를 아는 모든 사람들에게 기쁨이 되기를 원합니다. 사탄이 우리를 부추기어 싸우거나 미워하게 할 때 사탄이 우리를 대적할 뿐 아니라 주님을 대적함을 알게 하소서. 주님의 능력이 저의 힘이 되게 하시고, 악의 유혹을 이기게 도와주소서.

    우리를 주의 길로 인도하여 주시고, 우리의 생각과 행동이 순전하게 하소서. 결혼을 함께 계획할 때 우리의 마음이 하나 되게 하시고, 이를 통해 사랑으로 서로 더욱 가까워지게 도와주십시오. 우리 부모님이 우리를 이해하게 하시고 우리 또한 부모님을 이해하게 도와주시기를 원합니다. 우리가 함께 결혼식 날을 고대하며, 우리의 모든 계획에 있어 아무것도 우리의 행복을 방해하지 못하게 도와주소서.

ON THE COMING OF THE BABY 태어날 아기를 위한 기도

1

Lord Jesus Christ, You are the Good Shepherd who delight in small children and gently leads those that are with young, we thank You for Your marvelous mercy. You have granted us the gift of a healthy child, and we cannot praise You enough for Your loving kindness. You have guided the physician, given us strength during the pregnancy and delivery, and sustained us until now.

주 예수 그리스도시여, 당신은 어린아이들을 기뻐하시며 어린이와 함께하는 자를 온유함으로 인도하시는 선한 목자이십니다. 우리는 당신의 놀라운 자비에 감사를 드립니다. 주께서 우리에게 건강한 아이를 선물로 주셨으니, 우리가 당신의 인자하심을 이루 다 찬양할 수 없습니다. 주님은 친히 우리의 의사가 되어 주셔서 임신과 분만 때에도 강건케 하시고, 오늘날까지 우리를 지켜 주셨습니다.

Notes

marvelous 불가사의한, 놀라운, 기적적인, 굉장한.
pregnancy 임신, 풍만, 충실.
delivery 인도, 배달, 강연, 구출, 해방, 해산.
sustain 떠받치다, 유지하다, 양육하다, 참고 견디다.

2

Give us a grateful heart every day of our lives, and let us be the kind of parents who will please You. Keep us conscious at all times of the holy trust placed in us by the gift of this child, and help us to bring our child up in Your fear and favor. Send Your guardian angels to watch over our little one, and shield him/her from all danger of body or soul. Bless those who will help us care for our child. You who have given life to my child, be our Good Shepherd, and lead us in paths pleasing to You.

매일의 삶 가운데 감사하는 마음을 갖게 하시고, 우리가 당신을 기쁘시게 하는 부모가 되게 하소서. 선물로 주신 이 아기로 인하여 주어진 거룩한 의무를 항상 기억하게 하시고, 당신을 경외하며 당신의 은택 가운데 아이를 양육하게 도와주십시오. 우리 아이를 지켜 줄 수호천사를 보내 주셔서 그의 몸과 영혼을 모든 위험에서 지켜 주소서. 아이를 돌보는 데 도움을 줄 사람을 축복해 주소서. 아이에게 생명을 주신 당신이 우리의 선한 목자가 되시어 당신을 기쁘시게 하는 길로 우리를 인도하소서.

 Notes

conscious 의식[자각]하고 있는, 알고 있는(of; that), 의식적인.
guardian 감시인, 보호자; 보호하는, 수호의.

FOR YOUR TEENS 십대 자녀를 위한 기도

Dear Father in heaven, I commit myself and all members of my family to Your care. You have graciously protected us until today, and I trust Your promise that You will continue to protect and bless us. We need Your presence every hour.

At times I become unduly concerned about my son/daughter. I know that You have promised to bless the Christian instructions that he/she has received, and yet I am afraid that he/she may give in to the temptations of the world. I plead with You, Lord, to go with him/her at all times. Give the warning from Your Word when needed. Give him/her the strength to withstand temptation. Keep him/her always in Your comforting care. Help me to overcome my worries by trusting You.

Notes

unduly   과도하게, 심하게, 부(적)당하게, 불법으로.
give in   제출하다, 건네다, 굴복하다(to), 양보하다.
plead   변호하다, 변론하다, 탄원하다, 간청하다(implore; for).
withstand   -에 저항하다, 반항하다, 잘 견디다, 버티다.

하나님 아버지, 저와 온 가족이 당신의 돌보심에 의탁합니다. 오늘날까지 주께서 은혜로 우리를 보호해 주셨습니다. 그리고 우리를 지속적으로 보호하시고 축복하신다는 약속을 믿습니다. 매 순간마다 우리는 당신의 임재하심이 필요합니다.

    때때로 저는 아들/딸로 인해 불필요할 정도로 걱정을 하게 됩니다. 주께서 그가 받은 신앙 교육을 축복하시리라는 약속을 알고 있지만, 그가 세상의 유혹에 빠지지나 않을까 염려가 됩니다. 주께서 그와 늘 함께 동행하여 주시기를 간구합니다. 필요할 때는 주의 말씀으로 경고해 주시기를 원합니다. 유혹을 이길 수 있는 힘을 주소서. 당신의 위로하시는 돌보심으로 늘 보호해 주시고, 주를 신뢰함으로 염려를 이기게 도와주소서.

2

Permit my son/daughter to enjoy their youth in keeping with Your Commandments. Give him/her an alert mind to profit from his/her studies, and prepare him/her for a useful life. Give him/her Christian friends who trust in You and who support good character. If it please You, help him/her find a Christian spouse who will with him/her walk the narrow way of life. Lord, my son/daughter is Yours. I commit him/her to Your gracious guidance and keeping. Bring him/her and me and all who are near and dear to me to eternal life; for the sake of Jesus Christ, my Lord.

제 자녀가 주의 계명을 지킴으로 청년 시절을 잘 즐기도록 허락하소서. 공부를 통해 유익을 얻도록 깨달음을 주시며, 보람된 삶을 위한 준비를 시켜 주소서. 당신을 믿으며 자녀의 선한 인격에 도움이 될 그리스도인 친구를 허락하소서. 주님의 뜻이라면, 인생의 좁은 길을 함께 동행할 그리스도인 배우자를 만나도록 도와주시기 원합니다. 저의 자녀는 당신의 것입니다. 주님의 은혜로운 인도와 보호하심에 의탁합니다. 저와 자녀 그리고 저에게 가까이 있고 소중한 모든 사람들을 영생으로 인도하여 주소서. 주 예수 그리스도의 이름으로 기도합니다.

Notes

alert   방심 않는, 정신을 바짝 차린, 빈틈없는(watchful), 기민한.

FOR SON OR DAUGHTER WHO HAS STRAYED

곁길로 나간 자녀를 위한 기도

Where we have sinned, forgive us, Lord. If we have been neglectful, thoughtless, cold, or unreasonable, pardon us and help us to make amends. Preserve us from an unforgiving spirit and a haughty heart in our relationship with our child. For You, O Lord, love our son/daughter much more than we ever could. You have redeemed him/her. You have called him/her by name in Holy Baptism. He/she is Yours.

주님, 우리의 죄를 용서하소서. 우리가 소홀했거나, 배려하지 않았거나, 냉담했거나, 불합리했다면 우리를 용서하시고 고칠 수 있게 도와주십시오. 우리가 우리 자녀와의 관계에서 용서하지 못하는 마음이나 오만한 마음을 갖지 않도록 지켜 주소서. 주님, 당신은 우리가 할 수 있는 것보다 훨씬 우리 자녀를 사랑하십니다. 주께서 우리 아이를 구속하셨고 주께서 거룩한 세례로 그를 부르셨습니다. 그는 주의 것입니다.

Notes
amends   배상, 보충.
haughty   오만한, 거만한, 불손한.

2

Lord God, our heavenly Father, because You yearned for Your children when they went astray, You sent Your only Son to seek and to save the lost. You have a Father's heart and know the anguish we feel over the straying of our child. Lord, he/she whom You love is sick in his/her soul. Recall him/her from his/her straying, and restore him/her once more to the joys of fellowship with You and to the security which comes to those who rest securely in Your fold.

주 하나님 아버지, 주의 자녀들이 곁길로 갔을 때 주님은 자녀들을 그리워하여 잃어버린 자들을 찾고 구원하기 위해 당신의 독생자 예수를 보내셨습니다. 주께서는 아버지의 심정을 가지셔서 길을 잃은 자녀에 대한 우리의 고뇌를 알고 계십니다. 주님, 주께서 사랑하시는 자의 영혼이 아파하고 있습니다. 방황에서 그를 돌이켜 주시고, 당신과 교제의 즐거움으로 당신의 품에서 안전하게 쉴 수 있도록 다시 한번 그를 회복시켜 주소서.

Notes

yearn 그리워[동경]하다, 갈망하다(for; after), 사모하다.
astray 길을 잃어, 잘못하여, 타락하여.
anguish (심신의) 고통, 괴로움, 번민.

THANKS FOR GODLY CHILDREN 경건한 자녀에 대한 감사

Dear Father God, I thank You for Your countless blessings, especially those of my home and family. You have blessed me marvelously with a Christian spouse and with children who are a joy to me. Accept my humble thanks for the comfort and happiness my spouse and children have brought.

I thank You that You have so graciously blessed the Christian training of my children. You have made them reverent toward You, respectful toward their parents and superiors, and diligent in their work.

O God, keep my children in Your fear and favor. When they sin, lead them to repentance and forgive their trespasses. When they rejoice, let them rejoice in You and Your goodness. In sadness, cheer them with Your mercy. In loneliness, comfort them with Your presence.

reverent 경건한, 공손한.
superior 윗사람, 상관, 선배, 뛰어난 사람(in; as).
trespass (남의 시간, 재산, 사생활 등에의) 침입, 침해, (종교, 도덕상의) 죄.

하나님 아버지, 당신의 이루 셀 수 없는 축복을, 특히 저의 가정과 가족을 주심에 감사드립니다. 주께서 저에게 믿음의 배우자와 기쁨의 열매인 자녀들을 주심으로 놀랍게 축복해 주셨습니다. 배우자와 자녀를 통해 주신 즐거움과 행복에 대한 저의 겸허한 감사를 받아 주십시오.

　주께서 그리스도의 율례로 자녀들을 훈련시켜 주신 은혜의 축복에 감사드립니다. 그들이 당신을 경외하게 하시고, 부모와 상사를 존경하며, 주어진 일을 기쁨으로 감당케 하심에 감사드립니다.

　하나님, 저의 자녀들을 당신에 대한 경외함과 자비로 지켜 주소서. 그들이 범죄할 때 회개하게 하시어 그들의 허물을 용서하여 주십시오. 그들이 기뻐할 때는 주님과 주의 선하심 안에서 기뻐하게 하소서. 슬플 때는 주의 인자하심으로 격려해 주시기를 원합니다. 외로울 때는 당신의 임재하심으로 위로하여 주소서.

2

Make me and my spouse appreciative and sympathetic parents. Help us always to regard our children as Your children. Give us Your grace that we may continue to train them in Your commandments. Give us the wisdom, love, and patience that are necessary to make us good parents. May our trust in You be reflected in the trust of our children. Above all else, bring us and our children into Your everlasting glory, for the sake of Jesus Christ, our Lord and Savior.

우리 부부가 감사하며 공감할 수 있는 부모가 되게 하소서. 자녀들을 항상 당신의 자녀로 인식하게 도와주소서. 당신의 계명으로 그들을 늘 훈계하도록 은혜를 베풀어 주시기를 원합니다. 우리에게 훌륭한 부모가 되도록 지혜와 사랑, 인내심을 주소서. 주에 대한 신뢰가 우리 자녀에 대한 믿음으로 나타나기를 원합니다. 무엇보다도 우리와 우리 자녀들을 당신의 영원한 영광으로 인도하시기를 우리 구주 예수 그리스도의 이름으로 기도합니다.

Notes

appreciative 감상할 줄 아는, 눈이 높은(of), 감사하는(of).
sympathetic 동정적인, 공감을 나타내는, 찬성하는.
commandment 율법, 계율, 명령(권). * Ten Commandments:십계명.

IN MARITAL DIFFICULTIES 결혼 문제

Lord Jesus, who blessed the marriage at Cana with Your presence, my wife/husband and I need the sanctifying influence of Your presence in our home. We have not been happy. I confess that we have not always lived our wedded life according to Your Word. We have had differences, ugly scenes and harsh words. I am ashamed of my conduct, for I, too, have been personally guilty, and I pray You to forgive me my transgressions.

가나안 혼인 잔치에 친히 참석하셔서 축복하셨던 주 예수님, 우리 가정에 당신의 임재로 인한 거룩하게 하시는 능력이 필요합니다. 우리는 행복하지 못했습니다. 우리가 늘 주님의 말씀을 따라 결혼생활을 하지 못했음을 고백합니다. 의견의 불일치가 있었고, 추한 일들도 있었고, 거친 말들을 사용했습니다. 저의 행동이 너무 부끄럽습니다. 그래서 죄책감을 느끼고 있습니다. 주께서 저의 죄를 용서해 주시기를 기도합니다.

ugly   추한, 보기 싫은, 추악한.
harsh   거친, 사나운, 귀에 거슬리는, 가혹한(to)
ashamed   부끄러이 여겨, 수줍어하여(of), 딱하게 여겨(of).
transgress   (법률 등을) 어기다, 범하다, (한계 따위를) 넘다.

2

Dear Savior, I pray You, come into our home and live there. Keep me and my wife/husband aware of the perfect example of Your unselfish love and service, and make us eager to follow that example in our wedded life. Help us to be willing to forgive and to forget, even as You in Your mercy forgive us our sins and wash them away. Direct me and my spouse to live according to Your Word that every experience may serve to draw us closer to each other and both closer to You.

사랑하는 주님, 우리 가정에 오셔서 거하여 주십시오. 우리 부부가 당신의 이기심 없는 사랑과 섬김의 완전한 예를 본받아 결혼생활에서 그 본을 열심히 따르게 하소서. 주께서 인자하심으로 우리의 죄를 용서하시고 깨끗이 씻어 주심같이 우리가 기꺼이 서로 용서하고 허물을 잊을 수 있도록 도와주십시오. 우리가 주의 말씀을 따라 살게 인도하셔서 모든 일들을 통해 서로 가까워지고, 주님께 가까워지게 하소서.

Notes

eager   열망하는, 간절히 바라는, 열심인.
spouse   배우자, 부부.

PRAYERS FOR THE SICKROOM 병상에서의 기도

1

Almighty God, Author of life and health, I come before You asking that You would help me in my bodily need. In Your wisdom You have laid me on this bed of illness and pain. Be merciful to me, O Lord, and if it be Your will, give me relief from my suffering. Bless the efforts of my doctor to restore me to health. Grant me steady improvement until I am entirely well again. Preserve me from relapses or complication, and make my recovery swift and complete.

Through this experience draw me closer to You. Watch over my bed. Preserve me from temptation by the Evil One. Grant me the courage to look into the future unafraid, knowing that You are with me and that I have no cause to fear. Help me by this experience to grow more Christlike in my attitude, and finally by Your mercy bring me to everlasting glory. Grant this for Jesus' sake.

Notes

relapse   거슬러 되돌아감, 다시 나쁜 길[버릇]에 빠짐, 재발.
complication   복잡, 분규(tangle), 혼란, 합병증.
swift   날랜, 빠른, 신속한.

생명과 건강의 주인이신 전능하신 하나님, 주 앞에 제 육체적 필요를 위해 도움을 구합니다. 당신의 섭리하에 저에게 이 아픔과 고통의 침상 위에 눕는 것을 허락하셨습니다. 오 주님, 자비를 베푸셔서 주님의 뜻이라면 저에게서 이 고통을 제하여 주소서. 저의 건강을 회복시키고자 애쓰는 의사의 수고를 축복해 주소서. 완전히 회복될 때까지 차도가 있게 하소서. 합병증의 재발을 막아 주시고, 신속하고 완전한 회복이 이루어지게 하소서.

    이 일을 통해 주께로 가까이 이끄소서. 저의 침상을 감찰해 주시고, 마귀의 유혹으로부터 지켜 주소서. 주께서 저와 함께하시고 제가 두려워해야 할 이유가 없기에 두려움 없이 미래를 바라볼 수 있는 용기를 주시기를 원합니다. 이 경험으로 인해 더욱 그리스도를 닮게 하시고, 궁극적으로는 당신의 자비로 인해 저에게 영원한 영광이 되게 하소서. 예수 그리스도의 이름으로 기도합니다.

2

Dear heavenly Father, in my weakness I come to You asking for help. I need You so much, and I realize how helpless I am without You. I ask You to give me strength for today, and I will not worry about tomorrow. My physical illness reminds me of my spiritual illness. You are also the Physician of my soul. Grant me the peace of mind that comes from sins forgiven and the joy of knowing You as that Friend who is closer than a brother or sister.

If I recover from this illness, help me to serve others and to glorify You. Keep before me the blessed example of Your beloved Son, who went about doing good.

Make me patient and grateful. Bless the doctors, the nurses, and all who are taking care of me. Watch over my loved ones while I am absent from them. Stay close beside me always, and finally take me home to You in heaven. In Jesus' name I ask this.

 Notes

physician 의사, 내과의(사), 치료[구제]자 [cf.] surgeon, doctor.
grateful 감사의, 감사하고 있는, 고마워하는.

사랑하는 하나님 아버지, 연약함 가운데 주의 도우심을 구하며 주께로 나아옵니다. 저는 주님이 너무 필요하고, 당신 없이는 너무 무력함을 깨닫습니다. 오늘 주께서 저에게 힘을 주시기를 원합니다. 그러면 내일을 염려하지 않을 것입니다. 저의 육체적 고통은 제가 영적으로 병들어 있음을 생각하게 합니다. 주님은 제 영혼의 의사이기도 합니다. 저에게 죄의 용서로부터 오는 마음의 평안과 형제자매보다 가까운 친구로서 당신을 알게 된 기쁨을 주소서.

　제가 회복되면 남을 섬기고 당신을 영화롭게 할 수 있도록 도와주소서. 그리고 선한 일을 두루 행하신 당신의 복된 독생자를 본받게 하소서.

　제가 인내하고 감사하는 자가 되게 하소서. 의사, 간호사, 그리고 저를 돌보아 준 모든 사람들을 축복해 주소서. 제가 떠나 있는 동안 제가 사랑하는 자들을 돌보아 주소서. 항상 저와 함께하여 주시고, 최후에는 주님 계신 하늘에 있는 본향으로 저를 데려가 주십시오. 예수님의 이름으로 기도합니다.

FOR AN OPERATION 수술을 위하여

As I face this operation, gracious Father in Christ, I come to You with my fears and misgivings and ask You to put in my heart the needed courage to face the day with confidence because of Your goodness and protection. You do not slumber nor sleep while I am in a deep sleep. Let this be an assurance to me that I need not worry or be afraid. Relax my nerves, put my mind at ease, and graciously forgive me all my sins.

Give the surgeon a steady hand and the necessary understanding to do his/her task with ease and perfection. Give my family the reassuring faith that You are with us, the Keeper of my body and the Lover of my soul. In Your precious hands I put my well-being for time and eternity.

 Notes

operation 가동(稼動), 시행, 수술(on), [보통 pl.] 군사 행동, 작전.
misgiving (부정 이외에는 종종 pl.)걱정, 불안, 염려.
slumber (특히) 선잠, 겉잠, 혼수[무기력] 상태.
steady 고정된, 흔들리지 않는, 견고한, 한결같은.

은혜의 아버지, 수술을 눈앞에 두고 두려움과 불안한 마음으로 주께 나아옵니다. 당신의 선하심과 보호하심으로 자신감을 갖고 수술받을 수 있도록 용기를 주시기를 기도합니다. 제가 깊은 잠에 빠져 있을 때도 주님은 졸거나 주무시지 않으십니다. 이것이 저에게 확신이 되어서 두려워하거나 걱정하지 않게 하소서. 긴장을 풀고 편안하게 하여 주시고, 은혜로 저의 모든 죄를 용서하소서.

    자신이 마땅히 할 일을 수월하고도 완벽하게 할 수 있도록 의사의 손을 견고히 하시며 필요한 지식을 주소서. 제 육체의 보호자이시며 제 영혼을 사랑하시는 주님이 함께하신다는 확고한 믿음을 제 가족에게 주소서. 순간으로부터 영원까지 저의 안녕을 주의 은혜의 손에 의탁드립니다.

2

My grateful heart praises You, heavenly Father, that You have safely seen me through this operation. I know all went well because You watched over me. During the hours and the days which lie ahead ease my distress and pain, and heal me. Give me the needed patience, the necessary endurance, and continued confidence that Your goodness and love will uphold me.

하나님 아버지, 모든 수술을 통해 저를 안전하게 지켜 주심에 감사하며 당신을 찬양합니다. 주께서 감찰하시어 모든 일이 잘되었음을 감사드립니다. 앞으로도 매 시간 날마다 저의 고통과 어려움을 경감시켜 주셔서 치유해 주소서. 인내심과 지구력, 그리고 하나님의 선하심과 사랑이 저를 지탱해 주신다는 지속적인 확신을 주소서.

Notes

lie ahead (of-) -의 앞에 가로놓여[대기하고] 있다.
ease (아픔 등을) 덜다, 완화하다, (불안 등을) 제거하다.
distress 비탄(grief), 걱정(worry), 고통(pain).

3

Grant that all service which the nurses give to me will speed my recovery, and then bring me safely home, completely healed. Give me restful days, and bless me tonight with refreshing sleep. Let me enjoy Your peace through the forgiveness of all my sin, for which Christ paid in full on the cross. Continue to abide with me now and always.

간호사의 치료를 통해 빨리 회복되게 하시고, 완전히 치유되어 안전하게 집에 돌아올 수 있게 하여 주소서. 앞으로 편안한 휴식을 취할 수 있는 날들을 허락하여 주시고, 오늘 밤에는 안락한 잠으로 축복하여 주소서. 그리스도께서 십자가 위에서 치르신 저의 모든 죄 사함으로 말미암아 주의 평안을 누리게 하소서. 이제부터 항상 저와 함께하여 주소서.

Notes

recovery   회복, 복구, (병의) 쾌유; 회복.
abide with a person   아무의 집에 머무르다, 아무와 함께 있다.

AT THE APPROACH OF DEATH 임종 직전

Lord Jesus Christ, Good Shepherd, I pray You to be with me in the hour of death. Let me feel even now the comfort and the assurance of Your presence. Give me the faith to say: "Even though I walk through the valley of the shadow of death, I will fear no evil, for You are with me; Your rod and Your staff, they comfort me" Ps 23:4.

Comfort me with the assurance that You have redeemed me from all sins, from death, and from the power of the devil and that I am Yours whether I live or die. Enable me in the face of death firmly to believe that Your glorious resurrection from the dead has brought life and immortality to light. Give me the blessed hope that in You all shall be made alive, and that I, too shall live again. May Your Holy Spirit preserve me in this faith until I reach the heavenly land. Amen, Lord Jesus.

 Notes

shepherd 양치는 사람, 목자, 목사(pastor), 지도자.
rod 장대, (가늘고 긴) 막대.
staff 막대기, 지팡이(stick), 장대(pole), 참모.
immortality 불사, 불멸, 불후의 명성.

선한 목자이신 주 예수님, 임종의 순간에 저와 함께해 주시기를 기도합니다. 지금 이 순간에도 당신의 위로와 임재를 느끼게 해주십시오. "내가 사망의 음침한 골짜기로 다닐지라도 해를 두려워하지 않을 것은 주께서 나와 함께하심이라 주의 지팡이와 막대기가 나를 안위하시니이다"시 23:4라고 고백할 수 있는 믿음을 주소서.

    주께서 모든 죄와 죽음과 마귀의 권세로부터 저를 구속하시고, 제가 살든지 죽든지 주의 것이라는 확신으로 위로해 주소서. 죽음의 순간에도 당신의 죽은 자로부터의 영광스러운 부활이 빛으로의 생명과 영생을 허락하신 것을 견고히 믿게 하여 주십시오. 주 안에서 모두 부활할 것과 저도 또한 다시 사는 복된 소망을 주십시오. 주의 성령께서 하늘나라에 이를 때까지 저에게 이 믿음으로 보호해 주시기를 원합니다.

AFTER A DEATH IN THE FAMILY 가족 사망 후

1

Heavenly Father, the death of my deer ○○○ has filled my eyes with tears and my heart with sorrow. I am distressed by the mysteries of Your providence. As Your child I want so much to say, "Not as I will, but as You will" Mt 26:39. but at times I find it difficult to do. Forgive me and help me, I pray You, by Your Holy Spirit, to accept Your ways as always best.

Apply to my wounded heart the healing touch of Your precious promises, and let me soon experience its power. Teach me not to mourn as those who have no hope. Wipe away the tears from my eyes that I may be able to see through the mist, beyond death and grave, to the resurrection and life assured by the glorious victory of my Savior Jesus Christ over death and grave.

Notes

wounded 상처 입은, 부상 당한, (감정 등을) 상한.
mourn 슬퍼하다, 한탄하다(for; over), 죽음을 애통해하다(grieve).
wipe 닦아 없애다, (흔적 없이) 지우다, (치욕, 오명 따위를) 씻다.
mist (엷은) 안개, 연무, (눈의) 흐릿함.

하나님 아버지, 사랑하는 ○○○의 죽음 때문에 눈에는 눈물이, 제 마음에는 슬픔이 가득 찼습니다. 주님의 섭리를 이해할 수 없어서 괴롭습니다. 하나님의 자녀로서 마땅히 "나의 원대로 마옵시고 아버지의 원대로 하옵소서" 마 26:39라고 말하고 싶지만, 때로는 그렇게 말하는 것이 어렵습니다. 성령으로 주께 기도하오니, 저를 용서하셔서 항상 당신의 뜻을 최선으로 받아들이게 도와주십시오.

상처받은 마음을 당신의 소중한 약속의 치유의 손으로 만져 주시기를 원합니다. 그리고 곧 그 능력을 체험하게 도와주소서. 소망이 없는 자같이 슬퍼하지 않게 하여 주소서. 제 눈에서 눈물을 닦아 주소서. 그리하여 희미한 안개 속을 지나 죽음과 무덤을 넘어 이 사망과 음부의 권세를 예수 그리스도의 영광스러운 승리로 확정하신 부활과 생명을 바라볼 수 있기를 원합니다.

2

May the passing of my ◯◯◯ remind me that I, too, am but a pilgrim and stranger on earth. Grant me the grace to love less the things that are material and temporal, and to love more and more the things that are spiritual and eternal. Teach me to number my days and to apply my heart to the wisdom taught by Jesus Christ, that He is the Way and the Truth and the Life, and that no one comes to You but by Him. In Jesus' name I ask this. Amen.

Notes

pilgrim   순례자, 성지 참배자, 나그네, 방랑자(wanderer).

○○○의 죽음을 통해 저 또한 순례자이며, 이 땅의 이방인이라는 사실을 기억하게 하소서. 물질적인 것과 일시적인 것들을 덜 사랑하고, 영적이며 영원한 것들을 더욱 사모하게 하소서. 저의 생명의 날 계수함을 알게 하시고, 또한 예수 그리스도께서 길이요 진리요 생명이며 그로 말미암지 않고는 아무도 당신께 올 수 없다고 가르치신 지혜를 제 마음에 적용할 수 있게 도와주소서. 예수님의 이름으로 기도합니다. 아멘.

사명선언문

너희가 흠이 없고 순전하여……세상에서 그들 가운데 빛들로
나타내며 생명의 말씀을 밝혀 _ 빌 2:15-16

1. 생명을 담겠습니다
만드는 책에 주님 주신 생명을 담겠습니다.
그 책으로 복음을 선포하겠습니다.

2. 말씀을 밝히겠습니다
생명의 근본은 말씀입니다.
말씀을 밝혀 성도와 교회의 성장을 돕겠습니다.

3. 빛이 되겠습니다
시대와 영혼의 어두움을 밝혀 주님 앞으로 이끄는
빛이 되는 책을 만들겠습니다.

4. 순전히 행하겠습니다
책을 만들고 전하는 일과 경영하는 일에 부끄러움이 없는
정직함으로 행하겠습니다.

5. 끝까지 전파하겠습니다
모든 사람에게, 땅 끝까지, 주님 오시는 그날까지
복음을 전하는 사명을 다하겠습니다.

서점 안내

광화문점 서울시 종로구 새문안로 69 구세군회관 1층
02)737-2288 / 02)737-4623(F)

강남점 서울시 서초구 신반포로 177 반포쇼핑타운 3동 2층
02)595-1211 / 02)595-3549(F)

구로점 서울시 동작구 시흥대로 602, 3층 302호
02)858-8744 / 02)838-0653(F)

노원점 서울시 노원구 동일로 1366 삼봉빌딩 지하 1층
02)938-7979 / 02)3391-6169(F)

분당점 경기도 성남시 분당구 황새울로 315 대현빌딩 3층
031)707-5566 / 031)707-4999(F)

일산점 경기도 고양시 일산서구 중앙로 1391 레이크타운 지하 1층
031)916-8787 / 031)916-8788(F)

의정부점 경기도 의정부시 청사로47번길 12 성산타워 3층
031)845-0600 / 031) 852-6930(F)

인터넷서점 www.lifebook.co.kr